Histoire Géographie

FICHES de RÉVISION

MémoBac

Marie-Félicia Alibert
Marc Alibert
Certifiés d'histoire-géographie

www.memobac.fr

Bordas

BORDAS APPREND À PROTÉGER LA PLANÈTE

SOMMAIRE

HISTOIRE

LE CITOYEN À ATHÈNES AU Ve SIÈCLE AV. J.-C.

NAISSANCE ET DIFFUSION DU CHRISTIANISME

LA MÉDITERRANÉE AU XIIIe SIÈCLE

HUMANISME ET RENAISSANCE

LA RÉVOLUTION ET LES EXPÉRIENCES POLITIQUES EN FRANCE JUSQU'EN 1851

L'EUROPE EN MUTATION DANS LA PREMIÈRE MOITIÉ DU XIXe SIÈCLE

GÉOGRAPHIE

PLUS DE SIX MILLIARDS D'HOMMES SUR LA TERRE

THÈMES OBLIGATOIRES

■ Nourrir les hommes

■ L'eau, entre abondance et rareté

■ Dynamiques urbaines et environnement urbain

■ Les sociétés face aux risques

THÈMES AU CHOIX

Les littoraux, espaces attractifs

Les montagnes, entre traditions et nouveaux usages

ANNEXES

Les termes indiqués **en rouge** renvoient au Lexique, p. 125 ou aux Biographies, p. 127.

Être citoyen à Athènes

LA CITÉ D'ATHÈNES

Athènes et son territoire

- Au Ve siècle av. J.-C., la Grèce est organisée en cités (*polis*) de 100 km^2 en moyenne. Une cité est un État indépendant composé d'un centre urbain (*astu*) et du territoire qui l'entoure (*chôra*).
- Athènes est la plus grande de toutes les cités grecques. Elle recouvre toute la région de l'Attique (2 600 km^2). La cité comprend la ville et les campagnes environnantes, des zones montagneuses, des plaines intérieures et une étroite plaine côtière. La ville est organisée autour de la colline de l'Acropole. Elle est entourée de larges murailles, qui se prolongent vers le port du Pirée, centre d'approvisionnement et d'exportation vital pour la ville.

Les dix tribus d'Athènes

- En 508-507 av. J.-C., le législateur **Clisthène** accomplit de nombreuses réformes. Il répartit la population en dix tribus au lieu des quatre qui existaient jusqu'alors, afin de mêler les citoyens et de faire participer davantage d'hommes à la vie de la cité. Chaque tribu regroupe des populations habitant dans trois endroits différents de l'Attique. Chacune de ces divisions territoriales porte le nom de « trittye ».
- Chaque tribu comprend trois trittyes : une trittye de la zone côtière (*paralie*), une trittye de la zone intérieure (*mésogée*), une trittye de la ville (*astu*).
- Les trittyes sont elles-mêmes subdivisées en plusieurs dèmes, villages entourés de territoire agricole ou quartiers urbains.

QUI EST CITOYEN À ATHÈNES ?

Les conditions pour être citoyen

- À Athènes, seuls les hommes libres de plus de 18 ans peuvent être citoyens. À partir de **Périclès**, stratège (haut magistrat) de 443 à 429 av. J.-C., il faut être né de père citoyen et de mère fille de citoyen pour le devenir à son tour. À 16 ans, le jeune éphèbe est inscrit sur les listes du dème de son père. Il fait alors partie du *demos* (ensemble des citoyens). Mais il ne deviendra véritablement citoyen qu'après avoir accompli ses années de service militaire, c'est-à-dire son **éphébie**.

- En fait, seule une minorité de la population bénéficie de la citoyenneté athénienne : 40 000 habitants sur 320 000, soit 12,5 % de la population totale.

Des citoyens égaux devant la loi

- Les citoyens athéniens sont égaux devant la loi. C'est l'isonomie (*iso*, « égal », et *nomos*, « la loi »). C'est Clisthène qui s'est appuyé sur ce principe pour ses réformes de 508-507 av. J.-C., afin de mettre en place la démocratie.

LES NON-CITOYENS

Les femmes et les enfants (environ 110 000)

- Les femmes n'ont aucun droit politique. Elles dépendent des hommes et sont placées sous la tutelle juridique de leur père ou de leur mari. Elles sont cantonnées à des activités domestiques. Elles ont pourtant un rôle essentiel : enfanter les futurs citoyens.

Les métèques, femmes et enfants compris (environ 40 000)

- On appelle métèques (*metoikos*, « émigré ») les étrangers libres installés à Athènes, souvent des artisans ou des marchands, qui bénéficient d'un statut particulier en échange du paiement d'une taxe, le *metoikon*.
- Ils ont les mêmes devoirs militaires et financiers que les citoyens, mais n'ont aucun droit politique et ne peuvent pas être propriétaires. Ils sont toutefois admis dans les célébrations religieuses.

Les esclaves, femmes et enfants compris (environ 110 000 à 150 000)

- Les esclaves sont considérés comme des outils animés, des « instruments vivants » (comme le dit Aristote) que leur maître peut acheter, louer ou vendre et utiliser comme bon lui semble.
- Il existe des esclaves privés, entièrement soumis à leur *despotes* (maître), et des esclaves publics, qui travaillent pour l'État (aide aux magistrats, entretien des rues, maintien de l'ordre, travail dans les mines d'argent du Laurion...). Même s'ils ne possèdent rien, les esclaves sont très importants pour la vie économique de la cité.

Les citoyens frappés d'ostracisme

- Les citoyens frappés d'ostracisme sont bannis pour dix ans de la cité. Cette mesure, instaurée par Clisthène, permet à l'Ecclésia d'exclure temporairement un homme de la cité, s'il menace la démocratie.
- Pour cela, il faut procéder à un vote, qui se fait au moyen d'*ostraka* (tessons de céramique), sur lesquels est inscrit le nom de la personne que l'on veut exiler. La décision doit être approuvée par 6 000 citoyens au minimum pour être appliquée.

Les droits et les devoirs du citoyen

LES DEVOIRS DU CITOYEN

Accomplir son éphébie

● Pour devenir citoyen, tout enfant de citoyen doit d'abord avoir accompli son **éphébie**. Faire la guerre fait en effet partie des devoirs du citoyen. Les hommes y sont donc formés très tôt.

● L'éphébie commence à 18 ans et dure deux ans. La première année, les jeunes hommes sont envoyés en garnison dans les fortifications qui protègent Athènes, où ils apprennent le maniement des armes, mais aussi la solidarité nécessaire sur le champ de bataille. À la fin de cette première étape, ils prêtent serment et reçoivent un bouclier et une lance pour pouvoir protéger la cité. Pendant la deuxième année, ils patrouillent sur le territoire de la cité. Après cette formation, ils sont des citoyens-soldats à part entière.

Défendre la cité

● Le citoyen est d'abord un soldat qui doit défendre sa cité. Tout citoyen âgé de 20 à 50 ans est susceptible d'être appelé à partir en campagne.

● Les citoyens servent dans l'armée en fonction de leur fortune, car ils doivent payer eux-mêmes leur équipement. Les plus riches sont dans la cavalerie ; les catégories intermédiaires sont dans l'infanterie (ce sont les hoplites, fantassins lourdement armés qui tirent leur nom du bouclier qu'ils portent à leur bras gauche, l'*hoplon*) ; enfin, les plus pauvres deviennent rameurs dans la flotte athénienne.

EXERCER LA JUSTICE

Un tribunal du peuple

● Le tribunal populaire de l'Héliée est la plus importante des instances judiciaires athéniennes. Il est composé de 6 000 héliastes, ou juges, chargés de juger toutes les affaires publiques ou privées, sauf les homicides.

● Les héliastes sont choisis chaque année par tirage au sort, parmi les citoyens de plus de 30 ans, pour exercer le pouvoir judiciaire. Ils prêtent serment, puis sont répartis en dix sections de 500 membres chacune, 1 000 d'entre eux devant servir de suppléants.

● À partir du milieu du Vᵉ siècle, pour permettre aux citoyens les plus pauvres de siéger à l'héliée, **Périclès** institue une indemnité journalière versée aux héliastes, pour service rendu à la collectivité : le *misthos*.

Une justice démocratique

- Les séances de l'héliée ont lieu en public, sur l'agora (place publique). Le temps de parole est limité par la clepsydre (horloge à eau). Les jugements sont toujours collectifs : à la fin des débats, chaque juge dépose son jeton à tige creuse (s'il condamne l'accusé) ou à tige pleine (s'il l'acquitte) dans l'urne prévue à cet effet. Cela garantit la confidentialité des décisions.
- Les procès se font en deux temps : d'abord on juge la culpabilité, ensuite on détermine la peine, sur les propositions de l'accusateur et de l'accusé.

PARTICIPER AU GOUVERNEMENT DE LA CITÉ

« Un gouvernement pour le peuple, par le peuple »

- À Athènes, les citoyens exercent directement leur pouvoir : c'est une démocratie directe. Ce sont eux, et non des représentants élus, qui prennent les décisions les concernant.
- La citoyenneté implique ainsi certains devoirs civiques, comme celui d'assister aux réunions de l'Ecclésia (l'assemblée des citoyens).

Voter les lois

- L'Ecclésia se réunit sur la colline de la Pnyx, pour faire des propositions de lois, les discuter, les voter. Une fois la loi votée, à main levée et à la majorité, elle est rendue publique pour être connue de tous.
- Tous ont le droit de prendre la parole avant de se prononcer, et bénéficient du même temps de parole. Le principe d'isonomie est ainsi respecté : les citoyens sont égaux au sein de la démocratie athénienne et participent au gouvernement de la cité en votant les lois. Tous ont aussi la possibilité d'accéder aux différentes magistratures.

Exercer une magistrature

- Tout citoyen peut théoriquement exercer une magistrature, puisque sur les 700 magistratures de l'administration athénienne, 600 environ sont attribuées par tirage au sort. Comme les magistratures sont collégiales et qu'elles ne durent qu'un an, la majorité des citoyens participe à l'exercice du pouvoir.
- Les hautes magistratures, comme les stratèges qui sont élus et non tirés au sort, reviennent cependant aux citoyens les plus riches, car ils ont du temps pour les exercer et ont reçu l'éducation nécessaire pour parler habilement.

La démocratie athénienne

LES INSTITUTIONS DE LA DÉMOCRATIE ATHÉNIENNE

L'Ecclésia

- L'Ecclésia est l'assemblée de tous les citoyens d'Athènes (40 000). Elle se réunit sur la colline de la Pnyx pour prendre en commun l'ensemble des grandes décisions : voter les lois, la guerre et l'ostracisme.
- Dans les faits, seule une partie des citoyens participe aux débats (beaucoup sont retenus par les travaux des champs ou en ville), car ils ne sont pas indemnisés pour cette journée.

La Boulè

- La Boulè est le conseil de la cité. Elle est composée de 500 bouleutes (50 citoyens par tribu, de 30 ans au moins), tirés au sort parmi les membres de l'Ecclésia.
- La Boulè se réunit sur l'Agora, dans le *bouleutérion*. Elle administre la cité, prépare les lois avant de les faire voter par l'Ecclésia et fait ensuite appliquer ses décisions. Elle est aussi chargée de contrôler les 10 stratèges. Avec l'Ecclésia, la Boulé détient donc le pouvoir législatif.

L'Héliée

- L'Héliée est le tribunal populaire de la cité. Il est constitué de 6 000 héliastes (600 citoyens par tribu, de 30 ans au moins), tirés au sort parmi les citoyens.
- Les juges, qui siègent sur l'Agora, sont répartis entre divers tribunaux jugeant les causes privées ou publiques en une journée.

Les magistrats

- Les 10 stratèges (un par tribu) sont les principaux magistrats de la cité. Ils se réunissent au *stratégéion*. Leur pouvoir s'étend à la politique extérieure, aux finances, à l'ensemble de la politique athénienne. Ils commandent l'armée et appliquent les lois. Ils sont élus chaque année à main levée, souvent parmi les citoyens les plus riches, et sont rééligibles (Périclès a été réélu 15 fois entre – 443 et – 429).
- Les 10 archontes sont des magistrats tirés au sort. Ils s'occupent des affaires internes (organisation des fêtes, règlement de la vie quotidienne) et président les fêtes religieuses. Les anciens archontes peuvent juger les affaires de meurtres avec préméditation, d'empoisonnements et d'incendies (affaires qui échappent au tribunal de l'Héliée) sur la colline de l'Aréopage.

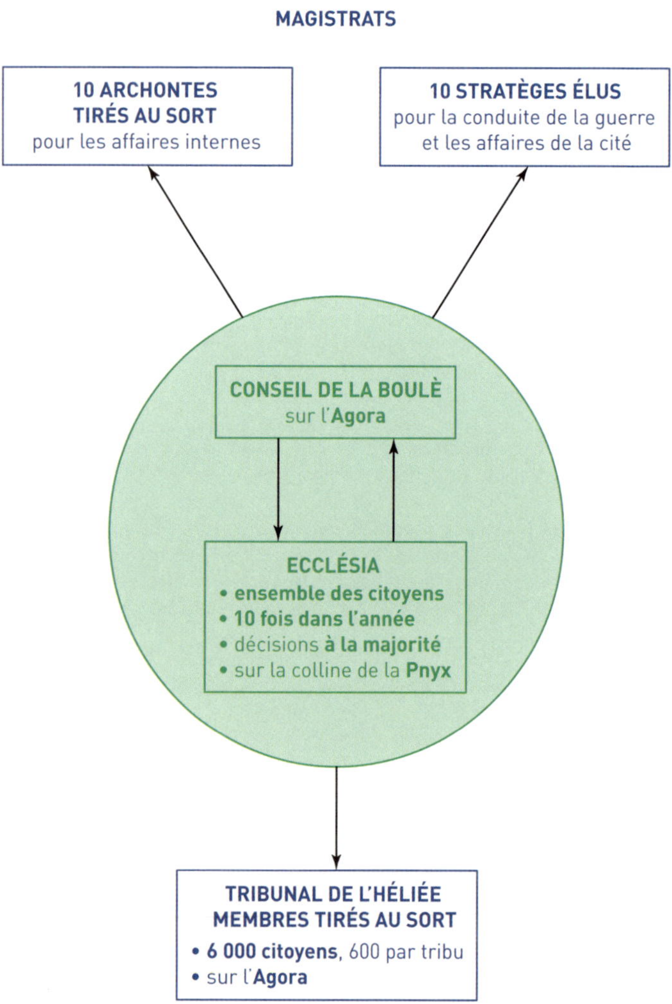

EXCLUS DE LA VIE POLITIQUE DE LA CITÉ :
femmes, enfants, métèques, esclaves, ostracisés

Athènes, une cité impérialiste ?

LES GUERRES MÉDIQUES ET LA LIGUE DE DÉLOS

Athènes et les guerres

- Athènes n'a jamais hésité à entrer en guerre. En effet, par ses victoires, elle a renforcé sa notoriété et démontré l'efficacité de ses institutions.
- Au début du Ve siècle av. J.-C., les guerres Médiques opposent les cités grecques à l'Empire perse de Darius. Les Athéniens, à la tête des armées grecques, remportent deux grandes victoires : une terrestre grâce aux hoplites, en 490 av. J.-C., dans la plaine de Marathon ; et une navale grâce aux trières, en 480 av. J.-C., au large de l'île de Salamine. Ces deux victoires consacrent la grandeur des citoyens-soldats et de la démocratie athénienne, qui prend alors la tête de la ligue de Délos.

La ligue de Délos

- La ligue de Délos (île sacrée où naquit Apollon et siège de la confédération) est le nom de la première confédération athénienne, organisée en 478 av. J.-C. et dirigée par Athènes. Elle regroupe près de 200 cités grecques et a pour but, à l'origine, d'affranchir les Grecs de la domination perse après les guerres Médiques. Au départ, les cités adhérentes à la ligue conservent leur autonomie, mais Athènes détient le pouvoir exécutif et assume la direction de la guerre.
- Chaque cité, quelle que soit son importance, dispose d'une voix au sein du conseil fédéral et contribue aux dépenses communes par le biais de sa marine ou d'un tribut en numéraire. L'organisation de la ligue reprend ainsi, en théorie, les principes de la démocratie athénienne.

ATHÈNES IMPÉRIALISTE : UNE DÉMOCRATIE LIMITÉE

La ligue assujettie à Athènes

- Grâce à la ligue, la cité démocratique d'Athènes, soucieuse de défendre son territoire et ses lois, domine toute la mer Égée. Elle devient, au cours du Ve siècle av. J.-C., une cité impérialiste car elle est en fait la seule aux commandes de la ligue de Délos.
- Ainsi, Athènes s'efforce peu à peu de réduire les cités alliées en cités sujettes et de supprimer leur autonomie. En 454 av. J.-C., elle transfère le trésor de la ligue, qui se trouvait jusqu'alors à Délos, à Athènes même, et toutes les cités doivent lui verser un tribut en numéraire.

L'hégémonie d'Athènes

- Dès lors, la confédération devient une alliance de cités contrôlées par Athènes, qui prend seule toutes les décisions. Grâce à l'apport d'argent des autres cités, Périclès fait construire des murailles et embellit l'Acropole (en y faisant notamment construire le Parthénon). Des Athéniens s'installent dans les territoires alliés et des soldats alliés sont appelés lors des guerres menées par Athènes. Les cités qui se révoltent se voient imposer des garnisons athéniennes qui s'approprient leurs terres.
- Un véritable impérialisme se met en place : les Athéniens n'envisagent nullement d'appliquer les valeurs de leur démocratie aux autres cités.

LES DÉRIVES DE LA DÉMOCRATIE

Une politique impopulaire

- Cette politique impérialiste est totalement contraire à la démocratie. Athènes ne reconnaît plus l'égalité initiale entre toutes les cités de la ligue et cherche à les dominer en menant une politique proche de la dictature.
- L'attitude d'Athènes permet à Sparte de se présenter en défenseur des libertés grecques et sera l'une des causes de l'effondrement final de l'empire athénien.

La guerre du Péloponnèse

- La puissance d'Athènes prend fin avec la guerre du Péloponnèse qui l'oppose, à partir de 431 av. J.-C., à la cité de Sparte, vite soutenue par les cités opprimées de la ligue de Délos.
- La guerre se déroule à la fois sur mer, où Athènes est toute-puissante, et sur terre, où Sparte domine. Athènes est d'abord assiégée, alors que la peste frappe à ses portes. Puis elle tente une expédition en Sicile, qui est un échec. Les Athéniens sont vaincus sur terre et sur mer et sont obligés de capituler en 404 av. J.-C. Ils doivent livrer leur flotte à Sparte, détruire leurs murailles et abandonner leur empire.
- La fin de la guerre du Péloponnèse marque la fin de l'impérialisme athénien en Grèce, mais aussi la mise en place, à Athènes, de la dictature des Trente, imposée par Sparte. C'est alors le début de l'hégémonie spartiate.

Une population unie par la religion

UNE RELIGION CIVIQUE

Un culte polythéiste au cœur du quotidien

● Les Athéniens, comme tous les Grecs, sont polythéistes : ils croient en l'existence de plusieurs (*poly*) dieux (*théoi*). La vie religieuse fait partie intégrante de la vie de la cité. Si bien que l'on parle de religion civique : il existe ainsi tout un ensemble de rites et de croyances assez exigeants à pratiquer tout au long de l'année.

● La bonne entente de l'ensemble de la population avec les dieux est considérée comme nécessaire à la cohésion de la cité et à sa sauvegarde, et la répétition solennelle des rites rendus en leur honneur soude la communauté. Les prêtres sont élus ou désignés pour un an, comme les magistrats. Ils s'occupent des cérémonies et surtout du culte d'Athéna.

Athéna, divinité tutélaire

● Dans le panthéon des dieux, Athéna, patronne et protectrice de la cité, occupe une place privilégiée. C'est une divinité à la fois guerrière et pacificatrice qui, après avoir offert l'olivier, symbole de paix, aux Athéniens, fut choisie comme divinité tutélaire. Son culte rassemble l'ensemble des Athéniens.

● Sur l'Acropole se trouve le Parthénon, construit en son honneur à partir de 447 av. J.-C. Ce temple abrite le trésor d'Athènes, mais surtout une immense statue de la déesse, en or et en ivoire (statue chryséléphantine). C'est là qu'arrive chaque année la procession des Panathénées.

LES GRANDES PANATHÉNÉES

Le déroulement de la cérémonie

● Tous les quatre ans, au mois de juillet, ont lieu les Grandes Panathénées. Cette fête se déroule sur plusieurs jours. Elle comprend des jeux : course à pied, lutte, pugilat (ancêtre de la boxe), courses de chevaux, concours de musique et de récitations poétiques et course aux flambeaux jusqu'à l'autel de la déesse.

● Le dernier jour a lieu la grande procession, point culminant de la fête. Elle traverse la ville jusqu'au Parthénon où l'on apporte à la statue d'Athéna le *péplos* (tunique de laine brodée par les petites filles athéniennes de bonne famille et offerte à la déesse). La fête se poursuit par une hécatombe de bœufs (sacrifice de cent bêtes) et une distribution de viande au peuple lors du banquet final.

Une communion de toute la société

- Ces cérémonies sont l'occasion de rassembler tous les Athéniens, y compris les femmes et les métèques. Le parcours de la procession (retracé sur la frise du Parthénon par le sculpteur Phidias), qui traverse tout le territoire de la cité (urbain et rural), et les jeux, auxquels tout le monde assiste, permettent d'intégrer l'ensemble de la population à la fête. Le frère d'Athéna, Dionysos, bénéficie également d'un important culte civique, surtout lors des Grandes Dionysies, à la fin de l'hiver.

DIONYSOS, LE DIEU DU THÉÂTRE

Le théâtre, espace essentiel de la démocratie

- Le théâtre est intimement associé à la vie religieuse. Lors des célébrations religieuses, il arrive souvent qu'il y ait des concours de théâtre, notamment lors des Grandes Dionysies (quatre journées de représentations : trois pour la tragédie, une pour la comédie). Ce sont les citoyens les plus riches qui financent la formation et l'entretien des acteurs, alors que les plus pauvres reçoivent une indemnité de l'État pour pouvoir quitter leur travail et assister aux spectacles.
- Mais les représentations ne sont pas réservées aux seuls citoyens : femmes et esclaves y sont conviés. Aller au théâtre est donc une manifestation collective de civisme et de ferveur religieuse, et non une distraction individuelle.

Des tragédies au service de la religion

- Toute représentation commence par un sacrifice à Dionysos, inséparable de l'art du théatre, dont il est la divinité tutélaire. Le théâtre s'inscrit donc dans un cadre religieux et offre une réflexion morale à toute la population de la cité, qu'il contribue aussi à cimenter.
- Dans leurs tragédies, **Eschyle**, **Sophocle** et **Euripide** montrent aux spectateurs la grandeur de leur cité, l'importance des lois, les mérites de la démocratie, la liberté de l'homme dans ses actes mais aussi les limites de cette liberté. En représentant des destinées malheureuses, ils les invitent également à respecter la volonté des dieux et à faire preuve de modestie et de modération.

Une nouvelle religion dans un monde païen

UN MONDE ROMAIN PAÏEN

Une religion polythéiste

- Comme les Grecs, les Romains sont polythéistes. Les dieux veillent au maintien de l'ordre social et au prestige de Rome, en échange du culte que leur rendent les hommes.
- À partir de 27 av. J.-C., **Octave** met en place l'Empire et impose le culte impérial : tous les territoires conquis par Rome doivent rendre un culte à l'empereur en signe de soumission à l'autorité romaine.
- De leur côté, les Romains ont intégré les divinités des peuples soumis à leur propre panthéon. L'Empire est donc une véritable mosaïque religieuse et Rome abrite des temples dédiés à des dieux très divers.

Une religion ouverte

- Les cultes orientaux rendus à des divinités comme Cybèle (en Anatolie), Mithra (en Iran) ou Isis (en Égypte) sont acceptés dans les pays conquis, et adoptés par certains Romains. Un certain **syncrétisme** s'opère.
- Comme les Romains s'inquiètent de leur sort après la mort, les religions à mystères d'Orient, cultes secrets où seuls les initiés sont admis, connaissent un certain succès. D'autres attendent un sauveur.

LA PALESTINE, BERCEAU DU CHRISTIANISME

Le pays des Juifs

- S'étendant de la Méditerranée au Jourdain et de la Syrie à l'Arabie, la Palestine, carrefour entre l'Asie, l'Afrique et l'Europe, comprend plusieurs provinces dont la principale est la Judée (d'où vient le nom de Juifs donné aux Hébreux), centrée sur la ville de Jérusalem.
- La Palestine est la terre des Hébreux, premier peuple monothéiste de l'Histoire. L'Ancien Testament, ou Bible hébraïque, rassemble les commandements et les obligations révélés par le dieu Yahvé à son peuple « élu ». Les cinq premiers livres forment la Torah. On peut y lire l'histoire d'Abraham qui se rend en Palestine, le royaume d'Israël.
- Mais les Hébreux, divisés et vaincus par les peuples voisins, doivent quitter Israël : c'est le début de la diaspora (dispersion des Juifs hors de leur territoire). Ce sont ensuite les Grecs et finalement les Romains qui prennent le contrôle de la Palestine en 63 av. J.-C.

Une province romaine

● La Palestine est d'abord un État vassal, « ami et allié du peuple romain ». Ses souverains doivent jurer fidélité à Rome et payer un tribut.

● En 70 apr. J.-C., à la suite d'une révolte juive contre l'autorité romaine, la Palestine devient une province romaine à part entière administrée au nom de Rome par un gouverneur. Les Romains y établissent « l'ordre romain » qui s'imprime partout dans l'espace. Ils construisent des villes et imposent leur civilisation, ce qui provoque le mécontentement des Juifs.

UNE NOUVELLE RELIGION MONOTHÉISTE

L'attente du Messie

● Au moment de la naissance de **Jésus**, de nombreux Juifs attendent la venue d'un Messie pour restaurer la gloire passée du royaume d'Israël, rétablir la justice et recréer l'alliance entre Dieu et les Juifs.

● Parmi ces annonciateurs, on trouve **Jean** le Baptiste qui invite les foules à se faire baptiser dans le Jourdain pour effacer leurs péchés.

Vie, mort et résurrection du Christ

● On n'a que peu de sources sur la vie de Jésus, mais son existence historique ne fait pas de doute. La seule source est le Nouveau Testament, c'est-à-dire les témoignages des disciples du Christ. Né à Bethléem entre – 6 et – 4, il se fait baptiser à 30 ans et s'adresse aux foules, conquises par ses miracles, pour leur annoncer l'Évangile (la « bonne nouvelle »). Douze apôtres le suivent et prêchent avec lui.

● Rejeté par les prêtres du Temple de Jérusalem, il est condamné par le gouverneur romain **Ponce Pilate** à la crucifixion entre 30 et 33.

● La résurrection ne relève pas de l'Histoire mais de la foi. C'est la croyance en la résurrection du Christ, trois jours après sa mort, et en son ascension au Ciel, qui fonde la foi chrétienne.

Le message de Jésus

● Son enseignement est connu grâce aux Évangiles qui constituent le Nouveau Testament. On peut y lire ses actes et paroles et leur interprétation par les apôtres. Jésus y délivre son message, la « bonne nouvelle », essentiellement par paraboles : il dit qu'il est le fils de Dieu venu annoncer aux hommes la résurrection des morts et l'existence d'un « royaume de Dieu ».

● Cependant, après sa mort, la rupture est totale entre chrétiens et Juifs, anéantis par la destruction du Temple de Jérusalem, opérée par les Romains.

La diffusion du christianisme

LE CHRISTIANISME QUITTE JÉRUSALEM

Les premiers convertis, une rupture avec les Juifs

- À Jérusalem, une petite secte juive se rassemble autour des apôtres, et forme une communauté appelée « Église ». Ces croyants pratiquent la communion, fréquentent le Temple et les synagogues et pensent que le message du Christ ne s'adresse qu'aux Juifs : ce sont les judéo-chrétiens.
- Très vite, les apôtres convertissent des non-juifs : **Jean** fonde une Église à Éphèse ; **Pierre** à Rome ; **Paul**, surtout, crée des communautés en Grèce et en Asie Mineure. Il écrit des lettres, les Épîtres, dans lesquelles il s'adresse directement aux païens et leur promet le salut. Sa vision est universelle.
- Mais Juifs et chrétiens se singularisent de plus en plus et finissent par ne plus suivre les mêmes rites. La rupture est effective en 70 apr. J.-C. : alors que les Romains détruisent le temple de Jérusalem, les chrétiens refusent de soutenir les révoltés juifs, qui ne le leur pardonnent pas.

La rédaction des Évangiles

- Dès la fin du Ier siècle, le christianisme se diffuse dans tout l'Empire romain. Après la disparition des apôtres, afin de garder le sens des propos du Christ, commence la rédaction des Évangiles à Rome, à Éphèse et en Syrie. Elle se poursuit de 64 à 96, pour permettre aux chrétiens de garder la mémoire de leurs origines.
- Le christianisme est une « religion du Livre », puisqu'il repose sur la Bible, composée de l'Ancien (Bible hébraïque) et du Nouveau Testament (Évangiles et Épîtres).

LES PREMIERS CHRÉTIENS

Les premières communautés chrétiennes

- Les Églises, de plus en plus nombreuses, s'unissent autour de la figure de l'évêque (du grec *episcopos*, « surveillant »), responsable des communautés chrétiennes.
- Dès la fin du Ier siècle, l'évêque apparaît comme un personnage central. Dans chaque cité, l'assemblée des chrétiens élit un évêque qui donne les sacrements, assisté de prêtres et de diacres (du grec *diaconos*, « serviteur »), s'occupe des fidèles et explique la parole du Christ contenue dans les Évangiles.

Des chrétiens de plus en plus nombreux

● Depuis le IIe siècle, le christianisme ne cesse de progresser, en particulier grâce aux relations que favorise l'Empire. Il se répand plus vite en Orient qu'en Occident, et davantage dans les villes que dans les campagnes.

● Les motivations des convertis sont variées : recherche de pureté morale, de vérité, des structures d'entraide offertes par l'Église... Les chrétiens veulent être des citoyens comme les autres et admettent la légitimité de l'Empire, même si, dans certains cas, la loi de Dieu doit primer sur celle de l'empereur.

LE CHRISTIANISME, RELIGION OFFICIELLE DE L'EMPIRE

Constantin, le premier empereur chrétien

● La conversion de l'Empire au christianisme est un événement majeur. Longtemps persécutés, les chrétiens sont finalement acceptés après l'édit de tolérance (311) par lequel l'empereur **Constantin** met fin aux persécutions et l'édit de Milan (313) qui proclame la liberté religieuse à travers l'Empire.

● Sans persécuter les païens, Constantin favorise les chrétiens et se fait baptiser sur son lit de mort en 337. Le christianisme remplace alors le paganisme pour cimenter l'Empire.

Une religion d'État

● Après une dernière vague de persécutions en 360-363, sous l'empereur **Julien l'Apostat**, le christianisme devient religion d'État en 380 (édit de Thessalonique). En 391, l'empereur **Théodose** interdit les sacrifices aux dieux païens. Les temples sont détruits. Ainsi l'espace (avec la construction d'églises, et notamment de basiliques) et le temps (nouveau calendrier chrétien, établissant le repos hebdomadaire du dimanche, et les fêtes de Noël et de Pâques) deviennent chrétiens.

● Dès la fin du IVe siècle, les évêques de Rome, héritiers des apôtres Pierre et Paul, fondateurs de l'Église, affirment leur primauté sur les évêques de l'Occident ; la papauté commence à se dessiner.

Une religion persécutée

DES CHRÉTIENS PERSÉCUTÉS

Que faire des chrétiens ?

- Les chrétiens posent problème aux empereurs romains : ils sont d'honnêtes citoyens par leurs mœurs, mais en refusant souvent de participer à la vie religieuse de la cité, de se rendre au temple, d'honorer les statues traditionnelles ou celles de l'empereur et de prendre part aux cérémonies publiques, ils sont perçus comme des éléments dissidents dont les rites compromettent la stabilité de l'Empire.
- Dans les sources dont on dispose, les avis sont partagés : alors que certains auteurs de l'Antiquité accusent les chrétiens de tenir des réunions secrètes au cours desquelles ils conspireraient contre les lois, d'autres leur reconnaissent une honnêteté indéniable.

Les supplices infligés aux chrétiens

- C'est pourquoi les chrétiens sont torturés (et / ou persécutés) ; on veut qu'ils renient leur foi et vénèrent l'empereur. Leur mort doit servir d'exemple à tous ceux qui ne respectent pas les lois cultuelles de l'Empire.
- Certains chrétiens sont livrés aux bêtes des jeux du cirque, très appréciés des Romains. D'autres sont suppliciés. On pouvait les attacher la tête en bas en les suspendant par les pieds, tandis qu'un feu était allumé sous eux ; leur couper le nez, les oreilles, les mains ou d'autres membres ; les faire rôtir sur des grils ; leur faire couler du plomb fondu sur le dos ; leur transpercer les doigts par des roseaux pointus en les leur enfonçant sous les ongles...
- Des massacres collectifs ont lieu comme celui de Phrygie raconté par **Eusèbe de Césarée** (v. 265-v. 340), lors duquel des enfants et des femmes sont brûlés vifs sur des bûchers, par les soldats romains.

DES PERSÉCUTIONS PONCTUELLES AUX PERSÉCUTIONS D'ÉTAT

Des persécutions ponctuelles

- Les premières persécutions sont localisées et de courte durée. Elles ont lieu à Rome, à l'époque de l'empereur **Néron**, en 64, quand les chrétiens sont rendus responsables de l'incendie de la ville, ou en 95, à l'époque de l'empereur Domitien.

- Par la suite, les empereurs **Trajan** entre 108 et 112, **Marc Aurèle** en 177, puis **Septime Sévère** en 203 prolongèrent ces persécutions ponctuelles et circonscrites.

Des persécutions d'État

- C'est au milieu du IIIe siècle que les persécutions changent d'échelle et se généralisent dans l'Empire. L'État organise alors de vastes persécutions.
- Les chrétiens, de plus en plus nombreux, mécontenteraient les dieux protecteurs et cela sert ainsi à justifier les épidémies et les menaces aux frontières de l'Empire.
- Les notables chrétiens sont déchus de leurs fonctions, les hommes d'église sont exécutés, comme le pape **Sixte** ou **Cyprien**, l'évêque de Carthage.
- Après les persécutions de **Valérien** et d'**Aurélien** au IIIe siècle, **Dioclétien**, entre 303 et 311, épure l'administration et emprisonne les chefs des communautés.
- Il faut attendre le règne de **Constantin** (306-337) pour que les persécutions cessent et que les chrétiens soient totalement intégrés à l'Empire. Le christianisme devient même religion d'État.

LES MARTYRS

Qu'est-ce qu'un martyr ?

- À l'origine, « martyr » signifie « témoin » en grec, puis par glissement de sens, il en est venu à désigner les chrétiens morts pour leur foi.
- Les communautés chrétiennes valorisent la figure du martyr qui verse son sang pour sa foi. Par son courage, il montre aux autres chrétiens la puissance divine du Sauveur.
- Si bien que les persécutions ont un effet inverse à celui escompté : au lieu de faire diminuer le nombre de chrétiens dans l'Empire, elles font progresser la nouvelle religion. **Tertullien** écrit même que « le sang des martyrs est une semence de chrétiens ». Pour essayer de limiter les martyres, l'Église doit interdire les sacrifices inutiles.

Des martyrs restés célèbres

- Certains martyrs sont restés célèbres et sont aujourd'hui vénérés comme de véritables saints. C'est le cas, par exemple, de **Blandine**, persécutée avec les chrétiens de Lyon en 177 et qui montra une grande résistance à la torture. Elle a été magnifiée dans les récits chrétiens, selon lesquels le mal ne l'atteignait pas.

Être chrétien, une nouvelle vie

UNE NOUVELLE RELIGION À DÉFINIR

Le concile de Nicée (325)

● Entre le IIe et le VIe siècle, les Pères de l'Église réfléchissent sur les Écritures pour élaborer la doctrine chrétienne. Après la conversion de **Constantin**, l'empereur intervient aussi dans les affaires de l'Église et arbitre les querelles entre chrétiens portant sur la nature du Christ, la Trinité...

● Pour **Arius**, prêtre d'Alexandrie, le Christ a été créé par Dieu et lui est subordonné comme le Saint-Esprit. Convoqué en 325, le concile de Nicée condamne ces idées, affirme la nature divine du Christ et définit la Trinité comme un seul Dieu en trois personnes distinctes et égales. Il fixe les fondements de la foi chrétienne qui sont encore la base des croyances de l'Église catholique, le **dogme**.

L'organisation de l'Église

● Le clergé (ensemble des dirigeants de l'assemblée des chrétiens) se distingue des laïcs (les simples fidèles). Il est très hiérarchisé : en haut, les évêques et les prêtres, responsables de la liturgie et de la pastorale (gouvernement des chrétiens) ; en bas, les clercs « mineurs » (lecteurs, portiers).

● Au sommet de la hiérarchie, l'évêque est à la tête d'un diocèse. À ses tâches spirituelles s'ajoutent la justice ecclésiastique, la gestion des biens de l'Église, l'assistance aux pauvres. L'évêque de Rome, le pape, revendique le titre de chef de l'Église (« pape » signifie « père »).

Le monachisme

● La reconnaissance officielle de l'Église entraîne un certain relâchement. Des chrétiens décident alors de renoncer au monde : en Égypte, vers 270, un riche agriculteur, Antoine, se retire dans le désert. D'autres suivent son exemple : ce sont des ermites, parfois rejoints dans leur retraite par des compagnons. Le monachisme naît ainsi en Orient puis gagne l'Occident.

L'ENTRÉE DANS LA CHRÉTIENTÉ

Le baptême, premier sacrement

● Le baptême est la cérémonie d'entrée dans la communauté chrétienne. Il ne concerne que les adultes (sauf exception) et suit une période d'instruction. Collectif, il a généralement lieu le dimanche de Pâques. Il consiste en une triple immersion (ou aspersion) dans l'eau, suivie de l'onction par l'huile sainte. Le baptême est une seconde naissance et la condition du salut.

● Seuls les baptisés peuvent participer à l'eucharistie, temps fort de la liturgie, qui commémore la Cène (dernier repas du Christ avec ses apôtres).

Le culte communautaire

● Dès le IVe siècle, le dimanche est un jour de repos (« jour du Seigneur ») pour célébrer l'eucharistie. Pendant la messe ont lieu des lectures et des prières, la communion et la quête pour aider les pauvres et les malades.

● Deux grandes fêtes rythment l'année : Noël qui célèbre la nativité du Christ et Pâques, qui commémore sa résurrection.

Quelques idées particulières

● Les chrétiens ont une certaine conception de la vie, fondée sur l'austérité, la charité, le mépris du luxe et du profit. Certaines professions sont proscrites : acteurs, gladiateurs ou entraîneurs, magistrats, soldats...

● Tout manquement à cette discipline entraîne une punition, qui peut aller jusqu'à l'exclusion de la communauté (excommunication). Seule la pénitence permet la réintégration.

DEUX CHRÉTIENS ENGAGÉS : SAINT PAUL ET SAINT AUGUSTIN

Paul de Tarse, le prédicateur

● L'apôtre **Paul** (v. 5/15 – v. 64) est un citoyen romain issu d'une famille juive d'Asie Mineure. Il commence par persécuter les chrétiens. Puis, converti au christianisme à la suite d'une vision, il joue un rôle majeur dans la diffusion du message du Christ, par ses voyages (en Asie Mineure, en Grèce, en Macédoine) et ses Épîtres. Il s'adresse d'abord aux Juifs. Mais, repoussé par ces derniers, il se tourne vers les païens.

● Il est finalement arrêté à Jérusalem et exécuté à Rome en 64 par l'empereur Néron.

Augustin, évêque d'Hippone et Père de l'Église

● **Augustin** (354-430), fils d'un père païen et d'une mère chrétienne, est d'abord professeur de rhétorique avant de se convertir au christianisme pour méditer sur les Écritures. Baptisé, il devient prêtre puis évêque d'Hippone en Afrique du Nord (Tunisie) en 395.

● D'une grande culture philosophique, Augustin fait partie des Pères de l'Église. Il a laissé deux grandes œuvres : les *Confessions* (réflexion sur sa conversion) et la *Cité de Dieu*, où il oppose cité céleste et cité terrestre, pour inciter l'Empire à s'appuyer sur le christianisme.

Chrétiens d'Occident et chrétiens d'Orient

LES CHRÉTIENS D'ORIENT

Un Empire chrétien

- À l'origine, il n'y a pas de différence entre Empire d'Orient et Empire d'Occident, les deux civilisations étant héritières de l'Empire de **Constantin** (de la Rome antique). Le christianisme prévalait ainsi dans les deux civilisations.
- Mais à partir du XIe siècle, les Byzantins se différencient des chrétiens d'Occident. Ils ne veulent plus subir l'autorité de l'évêque de Rome, le pape. En 1054, le schisme d'Orient sépare Églises d'Orient (orthodoxes) et d'Occident (catholiques). Les prêtres orthodoxes obéissent au patriarche, célèbrent la liturgie en grec, peuvent se marier et porter la barbe.

Un Empire dominé par le *basileus* de Constantinople

- L'Empire byzantin s'organise autour de la ville de Constantinople, fondée par Constantin. Il est dirigé par le *basileus* (« roi » en grec). Il s'agit d'un Empire théocratique : le pouvoir est exercé par un souverain qui est le représentant de Dieu sur terre. Il vit dans le luxe pour se différencier du reste de la population et tous ses sujets doivent lui rendre un culte comme s'il était un dieu vivant.

Un Empire fragile et menacé

- L'Empire byzantin, très fastueux jusqu'au XIe siècle, connaît alors de nombreuses difficultés. Ses richesses attirent la convoitise des Occidentaux et de leurs voisins turcs.
- La victoire des Turcs et l'emprisonnement de l'empereur en 1071 marque le déclin de Constantinople. Pour se protéger des Turcs, les Byzantins, affaiblis par la concurrence italienne, la peste et la famine, sont obligés de demander de l'aide aux royaumes occidentaux.

LES CHRÉTIENS D'OCCIDENT

Un Occident en plein essor

- Au XIIe siècle, l'Occident chrétien est marqué par l'essor des campagnes et des villes. Grâce au climat, les récoltes sont plus abondantes et les famines plus rares. La population européenne double entre 1050 et 1250.

- Les progrès techniques contribuent également à cet essor : l'expansion du moulin hydraulique assure une meilleure mouture des grains et les défrichements, menés par les moines, accroissent la superficie des terres cultivables.
- Les villes doivent leur renouveau à l'essor du commerce. L'expansion urbaine est très forte en Italie et dans les Flandres (Venise et Bruges). Les grandes foires, comme celles de Champagne, mettent en relation les marchands et les produits.

La société féodale

- La société occidentale se divise en trois groupes distincts : ceux qui travaillent (artisans, commerçants et paysans) ; ceux qui combattent (nobles) et ceux qui prient (clergé régulier et clergé séculier).
- Cette société est organisée suivant la pyramide féodale : au sommet, le roi, seigneur tout-puissant, qui affirme sa suprématie sur les autres seigneurs. Au-dessous de lui se différencient toute une série de vassaux, depuis les princes de sang jusqu'aux plus petits seigneurs. Le vassal rend hommage à son seigneur, qui lui remet un fief (terre qui apporte une source de revenu au vassal) en échange de son serment de fidélité et lui assure une protection.
- L'Occident chrétien est dans « l'âge féodal », monde anarchique fait de guerres et de violences. L'Église parvient cependant à y imposer des règles de conduite.

Le renouveau du christianisme

- La « religion royale » soutient le pouvoir du roi. Le jour de son sacre à Reims, le roi de France, considéré comme un thaumaturge, touche les écrouelles des malades. On pensait en effet qu'il avait le pouvoir de les guérir.
- L'Église assure un certain ordre social, en instaurant la « trêve de Dieu », qui interdit de combattre certains jours et la « paix de Dieu », qui interdit d'attaquer les religieux, les femmes et les enfants.
- L'Église, au cœur de la vie médiévale, connaît un grand renouveau avec la réforme grégorienne, menée par le pape **Grégoire VII**. Celui-ci interdit le mariage des prêtres (nicolaïsme) et les ventes des charges ecclésiastiques (simonisme).
- Ce renouveau se marque par l'autorité grandissante du pape, la construction d'églises dans les villages et de cathédrales dans les villes, la vitalité des ordres monastiques (tels les cisterciens avec **Saint Bernard**, qui fonde l'abbaye de Clairvaux), la multiplication des pèlerinages à Jérusalem, Rome et Saint-Jacques-de-Compostelle et le rôle social de l'Église qui entretient des hospices, des hôpitaux et des écoles.

Le monde musulman

UN MONDE ÉCLATÉ

Qu'est-ce que le monde musulman ?

- Le monde musulman s'étend de l'Espagne à la vallée de l'Indus. Il occupe toute la partie sud de la Méditerranée et une partie de l'Orient. L'Espagne musulmane, conquise entre 711 et 720, va de Gibraltar à Tolède. Cordoue abrite la plus grande mosquée de l'époque après celle de La Mecque.
- On parle de monde et non d'empire musulman car il s'agit d'un espace morcelé. Au XIIe siècle, on distingue trois grandes entités politiques, qui sont sur la défensive face aux menaces mongole à l'Est et chrétienne en Espagne, en Sicile, en Afrique du Nord et en Palestine.
- Ce monde est uni par la religion, l'islam et la langue arabe, langue du Coran.

Occident et Orient musulmans

- L'Occident musulman comprend le Maghreb, l'Espagne et les Baléares. De confession sunnite, il est dirigé par les Almoravides puis par les Almohades. Les affrontements entre musulmans et chrétiens y sont nombreux.
- L'Orient musulman se compose de deux ensembles (autour de Bagdad et du Caire) :

– à Bagdad se trouve le calife, titre donné aux successeurs de **Mahomet** dans la tradition sunnite, qui représente l'autorité suprême de l'islam. Le calife est le chef de la communauté et de l'État musulman. Mais en réalité, au XIIe siècle, ce sont les Seldjoukides (des Turcs) qui tiennent réellement le pouvoir en Iran, en Irak, en Syrie, en Palestine et dans une partie de l'Asie Mineure ;

– au Caire, les Fatimides d'Égypte jouent un rôle très important dans le commerce, depuis le port d'Alexandrie notamment.

LA RELIGION MUSULMANE

Origines et principes de l'islam

- L'islam naît au VIIe siècle en Arabie. Le prophète Mahomet aurait vu l'ange Gabriel qui lui aurait transmis les paroles de Dieu. Il prêche jusqu'à sa mort (en 632) la parole de Dieu (Allah) et la soumission (*islam*) à **Allah**. À sa mort, ses préceptes sont consignés dans le Coran.

- L'islam, religion monothéiste, ressemble par certains points aux religions juive et chrétienne : croyance en un dieu unique, créateur de l'homme et de l'univers, et en la possibilité pour l'homme de gagner son salut en se soumettant à la volonté divine.
- Les musulmans doivent respecter certaines règles dictées par la religion : les « cinq piliers » de l'islam (profession de foi, cinq prières quotidiennes, aumône, jeûne du ramadan et pèlerinage à La Mecque) et la soumission à la charia, loi islamique s'appliquant à la vie religieuse, politique et sociale.

Une religion urbaine

- La vie des musulmans est centrée autour de la mosquée, centre religieux (le muezzin y lance l'appel à la prière depuis le minaret) mais aussi lieu de transmission des savoirs.
- La civilisation musulmane est une civilisation urbaine. Les villes sont bien plus grandes que celles du monde occidental. Bagdad, Cordoue ou Le Caire sont dix fois plus peuplées que les plus importantes des villes d'Occident.

GRANDEURS ET FAIBLESSES DU MONDE MUSULMAN

Une civilisation brillante

- Les villes du monde musulman, animées par des échanges commerciaux incessants, abritent les meilleurs savants et les artistes les plus renommés de la Méditerranée, célèbres pour leurs arabesques.
- Les connaissances des intellectuels musulmans, qui ont accès aux sources grecques et latines, sont considérables, que ce soit en philosophie, en astronomie, en cartographie, en médecine ou en mathématiques (notamment l'algèbre). Les savants musulmans, comme le médecin **Avicenne** ou le géographe **Al Idrisi**, sont reconnus tout autour de la Méditerranée.

Des divisions internes

- Cette civilisation, très riche et très puissante, connaît cependant de profondes divisions, notamment entre islam chiite et islam sunnite, qui fragilisent les relations entre les royaumes et augmentent l'instabilité :

  – les chiites (comme les Fatimides) ne reconnaissent que la descendance du prophète par **Ali**, cousin du prophète et époux de Fatima, la fille unique de Mahomet. Seuls les descendants directs du Prophète peuvent être désignés comme califes ;

  – les sunnites (comme les Seldjoukides), qui sont les plus nombreux, se réfèrent à la *sunna* (la tradition), selon laquelle Mahomet aurait confié l'autorité à son ami **Abu Bakr** et à ses successeurs.
- Ces divisions internes au monde musulman affaiblissent ses positions face au dynamisme grandissant des chrétiens.

Les croisades et le djihad

UNE GUERRE JUSTE CONTRE L'INFIDÈLE

L'idée de croisade

● La croisade est un pèlerinage en armes qui se donne pour objet la délivrance du Saint-Sépulcre à Jérusalem. Les croisades sont placées sous l'autorité de l'Église. Le but ultime est de reprendre Jérusalem, la « cité du Seigneur », aux musulmans.

● Pour la papauté, la croisade est un moyen de dicter sa loi aux rois et aux nobles et de détourner les plus virulents d'entre eux vers une « guerre juste » (guerre pour Dieu) contre les « infidèles ». Les chevaliers n'ont pas à craindre de tuer ou de mourir, puisque ce sont toujours des morts pour le Christ (pour le servir ou pour l'atteindre).

● La croisade est aussi l'occasion, pour de nombreux chevaliers, de s'enrichir par le pillage et la conquête de fiefs, en oubliant l'aspect religieux de leur mission.

La reconquête des Lieux saints

● Au concile de Clermont, en 1095, le pape **Urbain II** appelle à la croisade en promettant le pardon de leurs péchés à tous ceux qui, portant la croix (d'où le nom de « croisés »), perdront la vie au combat. Gens du peuple et chevaliers partent par dizaines de milliers pour les Lieux saints, afin de porter secours aux chrétiens d'Orient menacés par les Turcs, mais méfiants envers ces auxiliaires occidentaux.

● Les Francs reprennent Jérusalem en 1099 et établissent sur le littoral seldjoukide les États latins (royaume de Jérusalem, comtés de Tripoli et d'Édesse, principauté d'Antioche), barrière entre l'islam et la Méditerranée.

PRENDRE LES ARMES POUR REFOULER L'ISLAM

Sept croisades aux succès inégaux

● Sept croisades ont lieu en Orient entre 1095 et 1270 :

– la première croisade (1095-1099) est un succès avec la constitution des États latins ;

– la deuxième croisade (1145-1148) est un échec : les musulmans reprennent Jérusalem, déclenchant ainsi une nouvelle croisade ;

– la troisième croisade (1188-1192), menée par **Philippe Auguste** et **Richard Cœur de Lion**, permet la reprise d'Acre mais pas de Jérusalem ;

– la quatrième croisade (1202-1204) est déviée par les Vénitiens vers Constantinople, qui devient la capitale d'un Empire latin (1204-1261). Elle révèle la barbarie des croisés qui commettent de nombreuses atrocités et dénature l'objectif premier des croisades ;

– les trois dernières croisades, au XIIIe siècle, de moindre envergure, se soldent par des échecs.

● Le bilan des croisades apparaît bien mince. Les transports de troupes et de marchandises qu'elles ont suscités ont cependant enrichi les villes italiennes, comme Venise qui supplante alors l'Empire byzantin.

La Reconquista espagnole

● La Reconquista (IXe – XVe siècle) est l'entreprise de « reconquête » par les chrétiens de la péninsule Ibérique conquise par les musulmans entre 711 et 720. Cette guerre est présentée comme une mission divine et un devoir historique imposés à tous et en particulier aux souverains. Elle est assimilée par la papauté à la Croisade (1102).

● L'islam domine, puis au XIe siècle, la guerre entre chrétiens et musulmans s'intensifie. Les armées chrétiennes gagnent du terrain dans la péninsule. En 1212, la bataille de Las Navas de Tolosa, près de Cordoue, consacre la victoire chrétienne et en 1266 toute l'Espagne est reconquise à l'exception de l'émirat de Grenade, repris en 1492. La Reconquista est alors terminée.

LE DJIHAD : SALADIN CONTRE-ATTAQUE

Saladin (Salah al-Din) et le djihad

● Le djihad (« effort suprême ») désigne la guerre sainte menée pour propager et défendre l'islam. En réaction aux menées occidentales, les musulmans lancent la guerre sainte. Les Almohades freinent la Reconquista et les Turcs reprennent du terrain à l'Est.

● C'est le chef militaire kurde **Saladin** (1138-1193) qui incarne le plus la lutte contre la chrétienté. Il s'empare de l'Égypte puis de la Syrie pour fonder un grand empire. Le djihad a donc une dimension religieuse mais aussi politique : unir tous les musulmans grâce à la lutte contre les chrétiens.

La reprise de Jérusalem

● En 1187, Saladin écrase les armées chrétiennes et leur reprend triomphalement Jérusalem, occupée depuis 1099. Il affronte ensuite la troisième croisade, perd Acre mais conserve Jérusalem.

● Sa courtoisie a laissé de lui une image de chevalier, de prince guerrier fondateur d'empire. Toute sa vie fut marquée par une stricte observance religieuse, une application rigoureuse de la loi du Coran, une lutte incessante contre le chiisme et l'hérésie.

La Méditerranée, espace d'échanges économiques

UN INTENSE ÉCHANGE DE MARCHANDISES

Des produits précieux venus d'Orient

● D'Orient sont importés des produits précieux (soieries, épices, parfums, pierres précieuses), convoyés par les caravanes d'Asie. La monnaie d'or se diffuse en Occident, grâce à l'or africain, en provenance du Soudan.

● Les marchandises orientales sont très recherchées en Occident, notamment les épices qui sont utilisées comme moyen de paiement. L'essor de l'industrie textile nécessite l'importation de colorants (indigo ou garance) ou de soies brodées comme le damassé, qui tire son nom de la ville de Damas.

Des matières premières occidentales indispensables aux Orientaux

● Les chrétiens et les musulmans de la péninsule Ibérique exportent les matières premières qui manquent aux Orientaux, comme les minerais (cuivre, fer et argent), les fourrures et le bois.

● Mais l'Orient est aussi un débouché pour leur industrie textile, fondée sur la laine, ou encore certains produits alimentaires comme l'huile et le vin.

UN COMMERCE MARITIME CENTRÉ SUR LA MÉDITERRANÉE

Constantinople à la croisée des chemins

● Constantinople occupe une place stratégique dans ce commerce florissant puisque la ville se situe à la croisée des chemins entre mer Noire et mer Méditerranée, Europe et Asie. C'est là qu'arrivent les fourrures et les céréales de l'Europe de l'Est et du Nord.

● Malgré cette situation géographique avantageuse, elle est de plus en plus déclassée par rapport aux villes italiennes.

Un commerce qui favorise les villes portuaires

● Ce commerce s'organise en Occident autour des grandes villes d'Italie du Nord et d'Espagne. Les marchands se rendent dans les ports de Constantinople, Alexandrie, Acre et Beyrouth pour acheter les richesses d'Orient. Entre ces deux rivages, la Sicile jouit d'une position privilégiée. Les grandes villes portuaires italiennes (Venise, Gênes et Pise) installent des comptoirs en Orient pour favoriser le commerce.

Un commerce qui met en contact musulmans et chrétiens

- Lors des croisades, les échanges économiques entre les deux camps s'intensifient, et contribuent même parfois à renforcer les musulmans en leur procurant du bois pour la construction des navires ou les métaux pour fabriquer des armes, au détriment de l'Occident.
- Croisés, pèlerins et marchandises circulent d'ailleurs sur les mêmes navires et les chrétiens sont nombreux dans les ports orientaux, où des quartiers leur sont réservés. À Alexandrie, par exemple, leur sont attribués des *funduqs* (vastes entrepôts concédés aux marchands étrangers) pour le stockage et l'échange des marchandises. Les règles de vie y sont strictes : interdiction aux chrétiens de quitter le *funduq* et obligation de ne commercer qu'avec le calife ou ses représentants.

LA THALASSOCRATIE DES VILLES ITALIENNES

Le triomphe du commerce italien

- Les villes italiennes (Amalfi, Gênes, Pise, Venise), grandes bénéficiaires de ces échanges, ambitionnent de contrôler la Méditerranée tout entière. Les marchands latins sont présents partout, assurant même les transports internes au monde musulman. Très tôt, les Vénitiens obtiennent des privilèges considérables dans l'Empire byzantin ; ils possèdent un quartier de Constantinople. Ils sont aussi favorisés par les souverains qui leur permettent de fonder des comptoirs.
- Les villes italiennes peuvent aussi tirer parti de la guerre, notamment lors des croisades (transport des troupes et des pèlerins par voie maritime vers la Terre sainte, construction de navires pour le transport, approvisionnement des troupes...). Les marchands génois et vénitiens sont exemptés des taxes douanières et reçoivent des quartiers dans les villes portuaires des États latins.

De nombreuses innovations

- À la faveur de cette hégémonie, les marchands italiens réalisent d'importants progrès en matière de navigation et de commerce. Les constructions de nefs et les galères, navires de grande taille utilisés pour le transport des marchandises, se multiplient.
- L'astrolabe, connu des musulmans, puis la boussole, connue des Chinois, se généralisent en Occident. Cela permet aux Italiens d'élaborer les premières cartes nautiques, les portulans, qui tracent le contour des côtes et l'emplacement des ports.
- Les nouvelles techniques commerciales (développement du change et des prêts à intérêts) contribuent à renforcer la suprématie italienne.

La Sicile et l'Andalousie, des exemples de syncrétisme

LA SICILE, UNE TERRE NORMANDE

La Sicile normande, terre de contacts

- Au milieu de la Méditerranée, la Sicile est une île où, depuis des siècles, les civilisations méditerranéennes ont laissé leur empreinte. Au XIIe siècle, Italiens et Normands y côtoient Grecs et Arabes (présents depuis le VIIe siècle), ainsi que les minorités juives, arméniennes ou slaves.
- Le royaume normand de Sicile a été fondé par des chevaliers occidentaux, mais il emprunte beaucoup à l'Orient : les ministres sont aussi bien normands que byzantins ou arabes, et l'administration du palais rédige ses actes en grec, en latin ou en arabe. Monastères orthodoxes, églises catholiques et mosquées se côtoient et chaque peuple conserve son droit et sa langue (latin, hébreu et arabe coexistent sur les inscriptions).

Palerme, un creuset culturel

- **Roger II** (1101-1154), fils d'un chevalier normand et conquérant de la Sicile musulmane, devient roi d'Italie du Sud et de Sicile. Il fixe sa capitale à Palerme. Byzantins et musulmans doivent se soumettre à lui.
- Souverain tolérant, Roger II se montre très ouvert aux autres cultures. Il va au hammam, a un harem, mais se fait représenter en *basileus*, comme l'empereur byzantin. Son successeur, Frédéric II, élevé dans une triple culture italienne, germanique et normande, poursuit sa politique en faveur des arts et des sciences.
- Par leur politique, les Normands font de Palerme un foyer culturel original, symbole d'un **syncrétisme** à la fois culturel et politique. Les rois encouragent le cosmopolitisme culturel. S'y retrouvent géographes, philosophes, historiens, savants arabes, juifs et grecs. Le géographe arabe **Al Idrisi** vit à la cour de Roger II. Les auteurs antiques, tels Aristote ou Homère, sont traduits et commentés et les romans de chevalerie particulièrement appréciés.
- L'art normand de Sicile réalise la synthèse entre l'art roman et les formes orientales, en utilisant des arabesques dans la décoration. La chapelle palatine (c'est-à-dire du palais) de Roger II mêle un plan basilical romain, une coupole byzantine et un plafond alvéolé réalisé par des ébénistes arabes. Le cloître de Monreale, avec sa fontaine à l'orientale, ses colonnettes décorées de mosaïques et ses chapiteaux romans, est un autre témoignage de ce syncrétisme réussi.

L'ANDALOUSIE, UNE TERRE MUSULMANE DEVENUE CHRÉTIENNE

Un mélange de quatre populations

● Pour faire prospérer leur économie, les musulmans acceptent les chrétiens sur leur territoire, à condition qu'ils paient un impôt supplémentaire : c'est le principe du *dhimmi*. Les princes chrétiens font de même sur leurs terres envers les communautés étrangères.

● En Espagne cohabitent quatre populations différentes :

- les chrétiens, qui se sont réinstallés après la conquête arabe ;
- les mozarabes, de l'arabe *must'arib*, chrétiens parlant arabe car placés anciennement sous la domination musulmane ;
- les mudéjars, musulmans qui sont demeurés dans l'Espagne reconquise et qui paient un impôt pour pouvoir rester ;
- une importante communauté juive.

● Ce mélange de populations contribue à la diversité culturelle et artistique des villes espagnoles.

La ville de Tolède

● Tolède (aux mains des chrétiens depuis 1085) en est le meilleur exemple. Plusieurs groupes se côtoient dans la vie courante. Aucune conversion n'est exigée de la part des chrétiens. Le roi de Castille, **Alphonse VII**, se fait appeler l'empereur des trois religions juive, musulmane et chrétienne.

● Tolède est un grand centre d'étude et de traduction, qui attire tous les grands intellectuels de l'Occident chrétien, juifs, francs et musulmans. Le plus connu est **Gérard de Crémone**. La traduction se fait de l'arabe en latin. Le savoir perdu de la Grèce, conservé par les musulmans, est ainsi retrouvé.

● Les œuvres de philosophie, de médecine, d'astronomie, de mathématiques dues à des savants musulmans jouent un rôle essentiel dans le renouveau intellectuel de l'Occident.

● Le développement de l'architecture mudéjare (architecture chrétienne dans laquelle une main-d'œuvre musulmane perpétue des formes héritées de l'islam, comme l'arc en fer à cheval) témoigne aussi de ce mélange des cultures.

Les échanges économiques en Méditerranée au XIIIe siècle

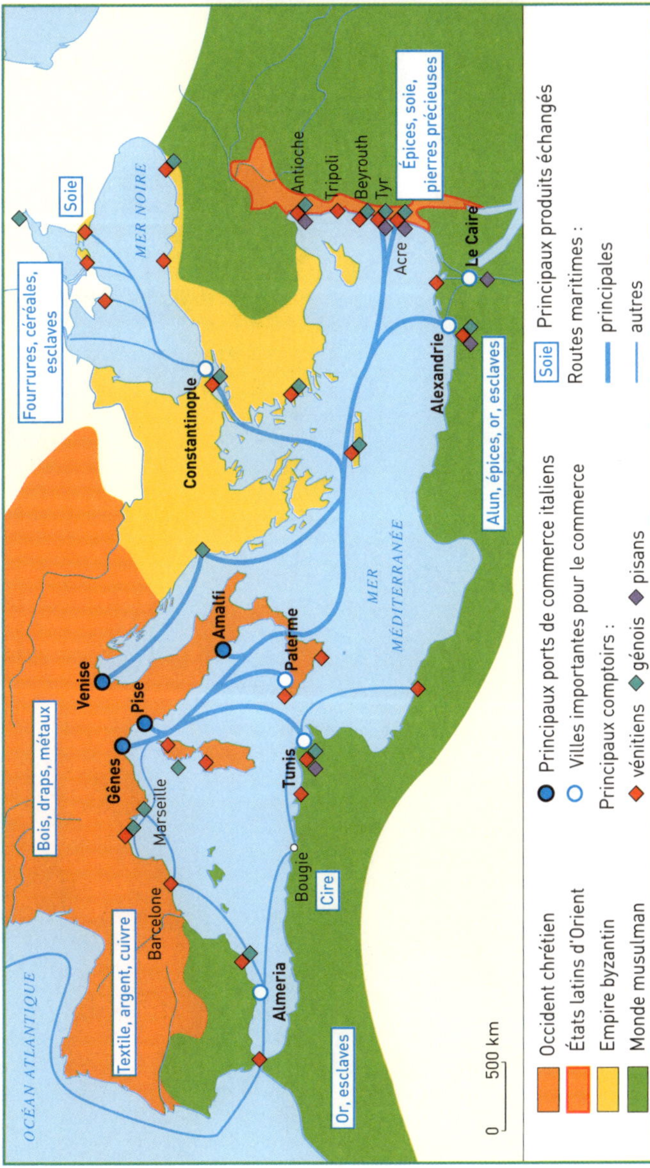

Les croisades

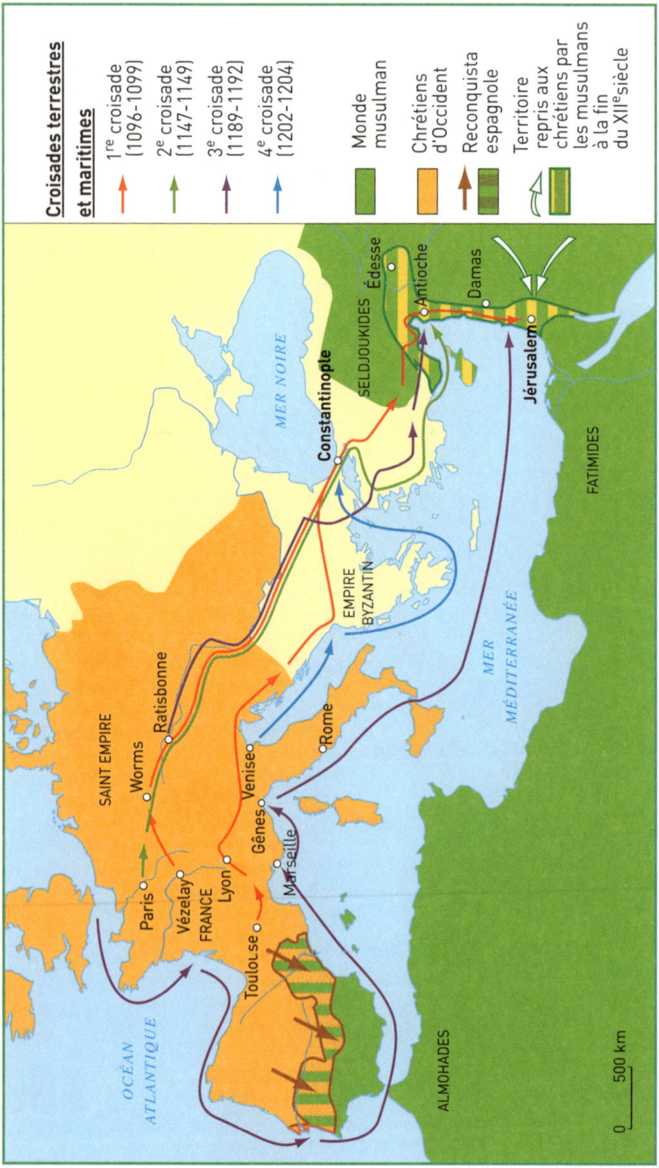

Innovations techniques et renouveau du savoir scientifique

D'IMPORTANTS PROGRÈS TECHNIQUES

Des machines et des instruments nouveaux

- À la fin du XIVe siècle, trois inventions majeures font leur apparition : l'avant-train mobile, facilitant les transports terrestres ; le haut fourneau, permettant la fabrication de la fonte de fer (métallurgie) ; et le système bielle-manivelle, transformant un mouvement alternatif de va-et-vient en un mouvement circulaire continu. Le machinisme connaît un essor remarquable.
- Beaucoup d'ingénieurs travaillent à la conception de ces machines : **Léonard de Vinci** s'est ainsi passionné pour la mécanique et a dessiné de nombreuses machines, comme sa fameuse « machine volante » (qui ne prit jamais son envol…).
- La Renaissance voit aussi l'apparition des armes à feu : canons, arquebuses (armes à feu portatives) puis pistolets, plus légers. Ces nouvelles armes imposent une modification des ouvrages défensifs.

L'invention de l'imprimerie

- Avant 1450, les livres sont écrits à la main (manuscrits) et sur parchemin. Ils sont donc rares et chers. À partir du XIVe siècle, on utilise le papier venu de Chine et moins coûteux. Mais la gravure sur bois, utilisée jusque-là, ne permet pas de réutiliser les caractères.
- Le progrès décisif est apporté par **Johannes Gutenberg** : vers 1440, il invente les caractères mobiles en métal, réutilisables. Vers 1455, il publie la première Bible imprimée en latin (« Bible à 42 lignes »).
- Les ateliers d'imprimeurs se multiplient dans les villes commerçantes et universitaires européennes. Le premier en France est celui de la Sorbonne en 1470. Durant 1 000 ans, au Moyen Âge, quelques milliers de livres étaient parus. Entre 1450 et 1500, 20 millions de livres sont imprimés, correspondant à 30 000 manuscrits.

Les progrès techniques dans la navigation

- Au XVe siècle, la navigation bénéficie des progrès de la construction navale, des instruments utilisés en mer et de la cartographie. Le gouvernail d'étambot, placé à la poupe du navire, permet de naviguer contre le vent. La boussole et l'astrolabe (connu depuis longtemps par les Arabes) permettent de s'orienter en mer. Les portulans, des cartes où les noms des ports sont écrits perpendiculairement à la côte, dessinent la configuration des pays maritimes. La caravelle, navire à trois mâts doté d'une voile triangulaire permettant de naviguer en haute mer, est mise au point par les Portugais dès 1420.

UN SAVOIR SCIENTIFIQUE RENOUVELÉ

Du géocentrisme à l'héliocentrisme

● En 1543, paraît le traité *De revolutionibus orbium caelestium libri VI* de l'astronome polonais **Nicolas Copernic**, dans lequel il expose la thèse selon laquelle la Terre tourne autour du Soleil et non l'inverse : on passe d'un système géocentrique à un système héliocentrique. Il s'agit d'une véritable révolution de la pensée, qui ébranle la vision traditionnelle du monde. Si cette théorie fut confirmée par l'Italien **Galilée** en 1609, elle fut durement condamnée par l'Église.

Les premières dissections

● Le corps humain est étudié plus précisément grâce à une pratique nouvelle : la dissection, qui permet aussi les progrès de la médecine. En 1543, le médecin bruxellois **André Vésale** décrit l'anatomie humaine de manière précise. **Michel Servet** fait avancer les recherches sur la circulation du sang. Quant au chirurgien **Ambroise Paré**, il met au point une méthode permettant de ligaturer les artères afin de stopper les hémorragies.

Une lente diffusion et une extrême méfiance

● Ces progrès sont souvent en rupture avec le mode de pensée qui prévalait jusqu'alors. Les théories de l'astronome antique **Ptolémée** (adoptées par **Christophe Colomb** et la plupart des navigateurs) et celles du médecin latin Galien sont fortement remises en cause, alors qu'elles avaient force de loi au Moyen Âge. Des idées nouvelles se répandent donc très lentement et ne concernent qu'une part infime des sociétés européennes, les humanistes (voir fiche 16).

● L'Église catholique a souvent été un obstacle à la reconnaissance et à la diffusion des nouveaux savoirs. En 1533, Servet est condamné à mort pour ses opinions religieuses. Copernic ne fait paraître son traité qu'après sa mort pour ne pas être inquiété de son vivant, alors que Galilée doit renier ses thèses, contraires aux Saintes Écritures, son livre étant condamné au bûcher...

Humanisme et humanistes

QUI SONT LES HUMANISTES ?

Le retour aux textes antiques

- Les humanistes étudient les « humanités », c'est-à-dire les langues et la littérature anciennes.
- Les intellectuels italiens, depuis **Pétrarque**, se tournent vers les auteurs de l'Antiquité pour récupérer les valeurs qu'ils avaient exaltées. Ce qui nécessite la recherche des manuscrits, l'élimination des mauvaises copies, la critique **philologique** des textes, et l'étude des langues anciennes oubliées, comme le grec et l'hébreu.

Des philologues

- Les relations avec l'Empire byzantin, où se trouvent ces manuscrits, favorisent le contact avec les textes antiques. Les philologues travaillent directement sur les originaux et établissent des versions exactes des textes anciens, en se rendant dans les bibliothèques des monastères. Des textes grecs arrivent en Italie, rapportés par des savants byzantins après la prise de Constantinople en 1453.
- L'humanisme marque ainsi une rupture fondamentale avec le Moyen Âge dont la science reine était la théologie (« raisonnement sur Dieu »).

LA PENSÉE HUMANISTE

Une volonté de synthèse avec l'Antiquité

- La pensée des Anciens influence la philosophie de l'époque : les humanistes tentent de concilier l'Évangile et l'esprit chrétien de leur temps, avec la philosophie et la sagesse de l'Antiquité païenne. Ils refusent d'accepter la tradition sans l'avoir d'abord analysée.
- **Érasme**, fidèle à l'Église, pose les bases d'un humanisme chrétien qui associe au christianisme l'amour de la vie et de la beauté, propre à la culture antique.
- Il s'agit aussi, pour les humanistes, d'intégrer le savoir des Anciens pour faire mieux, grâce aux progrès réalisés depuis l'Antiquité.

Une foi nouvelle centrée sur l'homme

- Les humanistes placent l'homme au centre de la vie, et non plus Dieu. Selon eux, l'homme a la capacité de s'épanouir par son savoir.

- L'individu valorisé peut se libérer en exerçant sa raison. Pour Érasme, « on ne naît pas homme, on le devient ». L'éducation est donc essentielle. Des écoles sont créées où l'on enseigne les humanités, pour développer l'esprit et le corps. Le savoir doit être scientifique et non plus seulement dogmatique.
- La volonté des humanistes de comprendre l'homme et la nature encourage les sciences expérimentales, utiles à la médecine.

Une réflexion sur la société

- Les humanistes songent à la collectivité. Ils sont opposés à la guerre comme **François Rabelais** dans *Gargantua* et s'intéressent à la politique, comme **Nicolas Machiavel**, dans *Le Prince*, réflexion sur la prise du pouvoir et sa conservation. L'Anglais **Thomas More**, dans *Utopie*, rêve d'une société où règnent la paix, l'égalité et la tolérance. Érasme, dans son *Éloge de la folie*, critique la société de son temps.

Les limites de la pensée humaniste

- Des découvertes sont ignorées de certains humanistes. L'opposition à la guerre demeure une utopie, comme le montrent les guerres de religion. L'intolérance de l'Église subsiste et les humanistes en sont les victimes.
- Par ailleurs, les humanistes ne se sont pas insurgés contre l'esclavage dans la jeune Amérique. Les femmes lettrées sont rares et l'écart demeure entre les élites humanistes et les masses populaires.

LA DIFFUSION DE LA PENSÉE HUMANISTE

La « république des lettres »

- Les humanistes échangent leurs idées par leurs voyages et leurs correspondances en latin. Une véritable « république des lettres » se constitue en Europe. Ainsi, Érasme, de Rotterdam, est en relation avec tous les intellectuels de son temps. Il séjourne à Paris, en Angleterre, en Italie. Sa renommée et ses voyages en font le « prince des humanistes ».
- Les collèges se multiplient à la fin du XVIe siècle pour enseigner le savoir humaniste et former une élite administrative et religieuse. En France, **François Ier** crée en 1530 le Collège de France.

L'imprimerie

- La diffusion du savoir passe aussi par les livres imprimés, nombreux et à bas prix. Les ateliers d'imprimeurs se multiplient dans les villes commerçantes et universitaires.
- La Bible, les Évangiles, les auteurs de l'Antiquité et contemporains, souvent en langue vernaculaire, sont diffusés et deviennent plus accessibles. Les premières bibliothèques se constituent.

Le temps des réformes

LA RÉFORME PROTESTANTE

Une Église corrompue

- Au XVe siècle, l'Église traverse une crise : l'autorité du pape est contestée ; le clergé s'intéresse plus à ses revenus qu'à la religion (abus du commerce des indulgences, pardon accordé par les hommes d'Église contre de l'argent), en faisant recette sur la peur que les fidèles ont de l'enfer ; enfin, la messe en latin est souvent mal comprise.
- Certains religieux proposent alors de réformer l'Église catholique.

Luther et le protestantisme

- **Martin Luther**, un moine allemand, s'interroge sur le devenir de l'homme après la mort. Pour lui, Dieu ordonne tout par avance et accorde gratuitement le salut. Seule compte la foi, le chrétien n'a pas besoin des « œuvres » (actions accomplies sur terre). L'Église ne peut donc pas offrir le salut avec ses indulgences.
- En 1517, il publie *Quatre-vingt-quinze thèses* contre les indulgences. Excommunié par le pape, il crée alors une nouvelle Église : le luthéranisme. Il ne reconnaît que l'autorité de la Bible, qui doit être en langue vernaculaire, ne garde que deux sacrements (baptême et communion) et rejette la hiérarchie de l'Église.
- Des princes allemands le soutiennent et « protestent » contre l'empereur catholique. Le protestantisme voit le jour et s'implante alors dans le Nord de l'Europe.

Calvin et le calvinisme

- Le Français **Jean Calvin** diffuse en France les idées de Luther, puis il s'en écarte. Pour lui, contrairement à ce que pensent les catholiques, le Christ n'est pas présent dans l'hostie. Il condamne les représentations de Dieu. En 1541, il doit s'exiler à Genève, où il fonde le calvinisme.

Henri VIII et l'église anglicane

- En Angleterre, la lutte entre le pape et le roi **Henri VIII** conduit ce dernier à se proclamer chef de l'Église anglicane en 1534. L'anglicanisme est un compromis entre le **dogme** calviniste et le rite catholique : hiérarchie du clergé et éclat des cérémonies coexistent avec les rites protestants.

LA CONTRE-RÉFORME CATHOLIQUE

Le concile de Trente

- Le concile est une réunion des dirigeants de l'Église pour régler une question concernant le dogme ou la discipline ecclésiastique.
- L'expansion du protestantisme incite l'Église catholique à se réformer. Convoqué par le pape **Paul III**, le concile de Trente (1545-1563) organise la Contre-Réforme. Le pouvoir du pape, le culte de la Vierge et des saints sont renforcés ; le clergé est mieux formé ; enfin, un catéchisme est publié pour les fidèles, que l'art baroque doit ramener dans les églises.

La lutte contre les « hérétiques »

- Pour éradiquer le protestantisme, nouvelle hérésie, le pape s'appuie sur les jésuites, ordre monastique fondé par **Ignace de Loyola** en 1534. Ces moines missionnaires installent des collèges catholiques près des centres protestants, créent des missions hors d'Europe et conseillent les souverains.
- L'**Inquisition**, instituée au Moyen Âge par le pape, cède la place à des inquisitions nationales très énergiques. Dès 1559, certains livres sont mis à l'**Index**, interdits aux fidèles, sous peine d'amende ou d'excommunication.

LES GUERRES DE RELIGION

Une Europe divisée

- L'Europe connaît pour la première fois un réel pluralisme religieux (Nord-Est plutôt protestant et Sud catholique). Les souverains veulent imposer leur religion à la population.
- En Angleterre, les catholiques sont persécutés. En revanche, dans le Saint Empire romain germanique, la diversité religieuse est acceptée par la paix d'Augsbourg de 1555 : chaque prince d'Allemagne choisit sa religion et l'impose à ses États.

En France, les guerres de Religion

- Dès 1534, avec l'affaire des Placards (affiches apposées par le parti protestant, niant la présence réelle du Christ dans l'hostie), **François Ier** doit sévir contre les protestants. La lutte entre rois catholiques et sujets protestants devient très meurtrière lors des guerres de Religion (1562-1598). Elles atteignent leur paroxysme lors du massacre perpétré par les catholiques sur les protestants la nuit de la Saint-Barthélemy (23-24 août 1572).
- En 1598, l'édit de Nantes, promulgué par le roi **Henri IV** (protestant converti au catholicisme), autorise la liberté de culte en France pour les protestants et permet le retour au calme.

L'art de la Renaissance, un art nouveau

ARTS ET ARTISTES

Un art nouveau

● Avec la Renaissance naît une nouvelle esthétique, qui rompt avec l'art médiéval. Quatre éléments caractérisent cet art nouveau :

– l'inspiration antique : peintres et sculpteurs représentent des personnages issus de la mythologie ou de l'histoire ancienne. Cependant, les sujets religieux (images de saints ou scènes bibliques) subsistent. L'architecture réutilise les formes héritées de l'Antiquité : coupoles, colonnes, pilastres, chapiteaux, frontons, corniches... ;

– une nouvelle esthétique qui s'oppose à l'art médiéval, plus symbolique. Les artistes recherchent la simplicité des lignes, l'harmonie des proportions ;

– une approche mathématique : l'art est un art savant. En témoignent de nombreux traités techniques. Les artistes pensent pouvoir construire un monde idéal grâce à des calculs de proportions. En peinture, la perspective crée l'illusion de la profondeur ;

– s'inspirant des idées humanistes, l'homme est toujours au centre de l'œuvre. Portraits et autoportraits se multiplient, comme celui de *La Joconde* (1503-1506).

La promotion sociale de l'artiste

● Le statut de l'artiste change. Il n'est plus seulement un artisan, mais devient un véritable artiste, maître de sa création. Il signe ses œuvres et fait son autoportrait.

● Le mécénat se met en place et les artistes deviennent des personnes reconnues et admirées par la haute société. Les princes rivalisent pour avoir les meilleurs à leur service. La rupture est totale avec le Moyen Âge : l'artiste se retrouve désormais au sommet de la hiérarchie des métiers.

L'ITALIE, BERCEAU DE LA RENAISSANCE EUROPÉENNE

La Renaissance italienne

● C'est en Italie que naît la Renaissance artistique, et surtout dans trois villes : Florence, Rome et Venise.

- Au Quattrocento (années 1400, donc XVe siècle), Florence est le centre de la première Renaissance avec la famille **Médicis**. Les artistes florentins ouvrent une voie nouvelle, comme **Felipe Brunelleschi**, auteur de la monumentale coupole de la cathédrale Santa Maria Del Fiore. Il est considéré comme le premier architecte moderne. En peinture, **Sandro Botticelli** s'inspire de la mythologie païenne.
- Au Cinquecento (années 1500, donc XVIe siècle), Rome est le centre de la deuxième Renaissance, au premier tiers du XVIe siècle, sous l'autorité des papes humanistes, **Jules II** puis **Léon X**. Véritables mécènes, ceux-ci font construire une nouvelle basilique Saint-Pierre (plafond de la chapelle Sixtine par **Michel-Ange**), des églises, des palais, des rues...
- À la même époque, Venise connaît aussi une renaissance artistique. Les riches marchands font reconstruire leur palais le long des canaux ou dans la campagne proche. Le peintre **Paul Véronèse** réalise *Les Noces de Cana* (1562-1563).

La diffusion en Europe

- La Renaissance artistique italienne s'étend à l'ensemble de l'Europe à la fin du XIVe siècle : Europe rhénane, région flamande, sud de l'Angleterre, région de Paris, région de Madrid.
- Cette diffusion est favorisée par les voyages des artistes italiens appelés dans les cours européennes, par les guerres d'Italie (1494-1559), qui font découvrir le pays aux rois français partis en guerre, et par les correspondances entre les artistes.

Renaissance flamande et Renaissance française

- Chaque culture adapte le modèle italien. L'art de la Renaissance flamande s'attache à l'individu, aux scènes de la vie quotidienne, à la représentation de la réalité, à l'expression des sentiments. Au XVe siècle, **Jan Van Eyck** met au point la technique de la peinture à l'huile et donne l'effet de perspective par la lumière.
- En France, la Renaissance s'exprime à travers les châteaux royaux. **François Ier** fait venir des artistes italiens, comme **Léonard de Vinci**. Il fait construire Chambord qui mêle un plan médiéval et une décoration italienne. Il transforme le château de Fontainebleau, en s'inspirant des palais italiens, pour l'architecture et la décoration intérieure des nouvelles ailes. Les artistes italiens **Rosso** et **Primatice** y inventent un style nouveau et raffiné, le maniérisme. Fontainebleau est ainsi un centre d'art actif avec des ateliers spécialisés dans la gravure, la fonte du bronze et la tapisserie (école de Fontainebleau).

Les principes de la Révolution et la mise en place de la République

LES PRINCIPES FONDATEURS DE 1789

L'abolition des privilèges (4 août 1789)

● Pour rétablir le calme, la noblesse, ralliée aux députés du tiers, accepte d'abolir certains droits seigneuriaux et tous les privilèges. Dans la nuit du 4 août est proclamée l'égalité de tous face à la justice, aux impôts, aux emplois. Le clergé doit renoncer à ses dîmes. L'Ancien Régime s'effondre.

La Déclaration des droits de l'homme et du citoyen (26 août 1789)

● Ce texte, voté à l'Assemblée nationale, est à l'origine de la révolution sociale. Il énonce des principes simples et incontestables qui doivent servir de fondements à la réorganisation politique et sociale du pays. La déclaration des droits de l'homme et du citoyen proclame :

DES DROITS
- liberté physique, d'opinion et d'expression
- propriété
- sûreté (contre les arrestations arbitraires)
- résister à l'oppression

L'ÉGALITÉ
en droit de tous les citoyens

↓

gérés par des lois, expression de la volonté générale
+ respect des droits et de l'égalité assuré par la Constitution

↓

NATION SOUVERAINE

DE NOUVEAUX PRINCIPES RÉPUBLICAINS

De l'abolition de la monarchie absolue...

● Le roi refuse d'abord les décrets d'août, mais, sous la pression populaire, finit par les accepter. L'Assemblée peut alors travailler pour donner une nouvelle Constitution à la France.

● La Constitution de septembre 1791 instaure un régime représentatif : la nation élit ses représentants, à l'exception du roi. La France devient une monarchie constitutionnelle, où les pouvoirs du roi sont limités (pouvoir exécutif, droit de veto suspensif pour 4 ans, impossibilité de dissoudre l'Assemblée). L'Assemblée législative propose et décrète les lois, fixe les dépenses de l'État et les impôts.

● Mais la Constitution n'instaure pas l'égalité politique : les femmes et 3 millions d'hommes (vagabonds, domestiques et petit peuple des villes et des campagnes) n'ont pas le droit de vote. Le suffrage est masculin, censitaire et indirect.

... à celle de la monarchie

● **Louis XVI** désavoue la Révolution et s'enfuit du palais des Tuileries, le 21 juin 1791, pour rejoindre à la frontière les armées ennemies des rois européens. Arrêté à Varennes et ramené à Paris, le roi passe pour un traître à son pays. Il garde son pouvoir mais sous surveillance.

● Peu après, l'Assemblée déclare la guerre au roi de Bohême et de Hongrie, qui veut rétablir Louis XVI. Le 10 août, le peuple prend le palais des Tuileries. Le roi est suspendu par l'Assemblée, jugé et décapité le 21 janvier 1793. La famille royale est enfermée à la prison du Temple, avant son exécution.

● Le 21 septembre 1792 (premier jour de l'an I de la République), après la bataille de Valmy (victoire française), la République est proclamée.

UNE RÉVOLUTION SOCIALE À SAUVER

Une société transformée

● Dès 1790, les principes de la Déclaration d'août entrent en application et transforment la société d'Ancien Régime :
- égalité devant la loi : la loi est la même pour tous ;
- égalité administrative : création de 83 départements (1790), dont le chef-lieu doit être atteint en une journée de cheval ;
- égalité devant la justice ;
- égalité devant les impôts ;
- liberté de culte : proclamée dès août 1789, elle est assurée par l'adoption de la Constitution civile du clergé (juillet 1790). Les prêtres et les curés élus doivent prêter serment à la Constitution. La moitié accepte (prêtres jureurs) tandis que l'autre refuse (prêtres réfractaires). La religion catholique n'est plus religion d'État ;
- respect de la liberté de la personne en cas d'arrestation ;
- liberté d'entreprendre dans le commerce, assurée par la loi Le Chapelier du 14 juin 1791.

Des progrès limités

● Les femmes et les esclaves ne bénéficient en rien de ces avancées sociales.

● La République naissante est menacée par les voisins européens et les ennemis de la Révolution (catholiques, royalistes...).

Des années d'instabilité (1793-1799)

LA TERREUR (1793-1794)

Sauver la Révolution

- À la Convention, deux « partis » s'opposent : à droite, les **Girondins** qui veulent revenir aux principes de 1789 et déclarer la guerre aux armées étrangères ; à gauche, les **Montagnards**, soutenus par les sans-culottes, favorables à la démocratie et pour la mort du roi.
- Depuis 1792, le pays est soumis aux assauts des souverains étrangers, effrayés par la contagion révolutionnaire. Les troupes françaises ont du mal à tenir. En mars 1793, la Convention vote la levée en masse de 300 000 hommes. Mais les paysans vendéens, qui refusent la mobilisation, rejoignent la contre-révolution royaliste. En plus de la guerre contre les puissances européennes, la France connaît alors une véritable guerre civile entre les Bleus (révolutionnaires) et les Blancs (royalistes). Inquiet, le peuple parisien accuse les Girondins d'être responsables des événements.
- Le 2 juin 1793, 29 députés Girondins sont arrêtés, jugés coupables et guillotinés. Les autres gagnent la province, où ils organisent l'opposition. Seuls au pouvoir, les Montagnards font voter la Constitution le 24 juin 1793. Mais celle-ci n'est pas appliquée et, à la place, les Montagnards établissent un gouvernement d'exception.

La dictature de Robespierre

- Le 10 octobre, la Convention instaure un gouvernement révolutionnaire, dirigé par un Comité de salut public, élu chaque mois par la Convention (en fait contrôlé par **Maximilien de Robespierre**) et assisté par un Comité de sûreté générale, chargé de surveiller les suspects.
- La Terreur est mise à l'ordre du jour. De nouvelles lois entrent en vigueur :

– la loi des suspects, qui permet d'arrêter tous les « ennemis de la liberté ». Les prisons se remplissent et les exécutions se multiplient ;

– la loi du maximum, qui bloque les prix et les salaires pour éviter toute spéculation.

- Ces mesures permettent d'éliminer les révoltes intérieures et de repousser les armées étrangères, mais coûtent la vie à des milliers d'innocents.
- En juin 1794, les Montagnards, inquiets du pouvoir personnel de Robespierre, se liguent contre lui.

La fin de la Terreur

- Le 9 thermidor an II (27 juillet 1794), Robespierre, pris à parti à l'Assemblée, est arrêté. Mais, libéré par la garde nationale, il se rend à l'Hôtel de Ville, aussitôt envahi. Blessé, il est conduit à la Conciergerie. Le lendemain, il est guillotiné avec 21 Montagnards.
- Les députés qui ont éliminé Robespierre sont appelés les « thermidoriens ». La Convention thermidorienne, menacée par les sans-culottes et les royalistes, ne dure que jusqu'en octobre 1795, le temps de mettre fin à la Terreur et de rédiger une nouvelle Constitution, qui instaure le Directoire.

LE DIRECTOIRE, UN RÉGIME ATTAQUÉ DE TOUTES PARTS (1794-1799)

Le Directoire

- La Constitution de l'an III rétablit le suffrage censitaire et, contre la dictature, divise les pouvoirs : le législatif est confié à deux chambres et l'exécutif à cinq directeurs, souvent renouvelés. Le gouvernement doit revenir aux « meilleurs », c'est-à-dire aux propriétaires, les plus sûrs défenseurs de la nation.
- Pendant cette période, l'administration est modernisée, les innovations techniques et le développement d'industries sont encouragés, les finances publiques sont assainies.
- Le Directoire est impopulaire : la fracture sociale s'accroît (montée des prix) et les mesures ne profitent qu'aux riches. Malgré la répression, les royalistes et les sans-culottes attaquent violemment le régime, et les scandales de corruption éclaboussent les directeurs.

Des coups d'État de « gauche » (Gracchus Babeuf) et de droite (Napoléon)

- En 1796, **Gracchus Babeuf**, communiste avant l'heure, fomente la « conspiration des Égaux », qui réclame l'abolition de la propriété privée. Mais il est arrêté, condamné et exécuté.
- La survie du gouvernement dépend de plus en plus de l'armée, glorifiée par ses victoires en Belgique et en Italie, sous le commandement de **Louis Napoléon Bonaparte**. Certains directeurs, pour renforcer l'exécutif, font alors appel à ce général auréolé de gloire au retour de sa campagne d'Égypte, pour organiser un coup d'État. Les 18 et 19 Brumaire an VIII (9 et 10 novembre 1799), l'armée disperse les députés, le Directoire est aboli et remplacé par trois consuls (**Ducos**, **Sieyès** et Bonaparte). Très vite, Bonaparte s'arroge la présidence du Consulat (Premier consul).

Napoléon Ier, un empereur révolutionnaire ?

NAPOLÉON, NOUVEAU MONARQUE ?

Bonaparte Premier consul, un révolutionnaire ?

- En décembre 1799 (an VIII), **Bonaparte** déclare la Révolution terminée et présente une nouvelle Constitution. Il annonce aussi son désir de maintenir les acquis révolutionnaires fondamentaux.
- La Constitution de l'an VIII garantit un pouvoir personnel au Premier consul : celui-ci a l'initiative des lois, dirige la politique extérieure, désigne les juges et nomme les hauts fonctionnaires. L'exécutif domine un pouvoir législatif inexistant et divisé entre quatre assemblées, où les membres sont toutefois élus au suffrage universel masculin indirect qui a été rétabli.
- Bonaparte passe de nombreuses réformes dans le droit fil de la Révolution : institution des préfets et de la Banque de France (1800), signature du **Concordat** avec le pape (1801), fondation des premiers lycées (1802), création d'une nouvelle monnaie, le franc germinal (1803), et publication du Code civil (1804), qui unifie le droit français et garantit l'égalité de tous les citoyens devant la loi. Il conserve aussi le calendrier révolutionnaire.
- Il accroît son pouvoir par le plébiscite de 1802, qui lui confère le consulat à vie.

Un empereur sacré (2 décembre 1804)

- S'appuyant sur la peur des Français d'un retour de la monarchie et de la guerre avec les pays européens, Bonaparte s'impose comme l'homme de la situation. Il est « l'élu » de la nation, quand, en 1804, un nouveau plébiscite le proclame « empereur des Français ».
- Il est sacré à Paris, dans la cathédrale Notre-Dame, par le pape **Pie VII**, spécialement venu de Rome, mais plus spectateur qu'acteur (Bonaparte devenu Napoléon se couronne lui-même). La scène du sacre a été immortalisée par le peintre **Jacques-Louis David** à la demande de l'empereur.

UN POUVOIR ABSOLU RÉTABLI

Un pouvoir populaire : le plébiscite

- Pour respecter les apparences républicaines et asseoir son pouvoir et sa légitimité, Napoléon utilise le dialogue direct avec le peuple français, par le biais du plébiscite. Le premier a lieu en 1799, pour faire approuver la Constitution, le deuxième en 1802, pour être consul à vie, et le dernier en 1804 pour devenir empereur. Tous obtiennent un large assentiment.

- Lors de son sacre, Napoléon promet de respecter et faire respecter les droits et les libertés. Il ne veut pas être un nouveau roi et refuse tout symbole qui pourrait rappeler la monarchie. Pourtant, le pouvoir est entièrement entre ses mains.

Un pouvoir absolu

- Seul maître du pays, Napoléon récompense habilement ses alliés, pour les fidéliser et en faire des soutiens de l'Empire. Il crée notamment la Légion d'honneur, distribuée aux hommes qui agissent et savent prendre des risques pour le bien de la nation.
- Il reconstitue, autour de sa personne, une noblesse héréditaire. Les membres de sa famille, ses frères et ses sœurs, deviennent les nouveaux souverains des pays conquis (Joseph à Naples puis en Espagne, Jérôme en Westphalie...).

Une France sous contrôle

- Napoléon utilise les arts et la presse pour faire de la propagande et glorifier le régime. Toute opposition est muselée et soumise à la censure. Les journaux sont étroitement contrôlés par le ministre de la Police, **Joseph Fouché** (1759-1820), qui a un œil et une oreille sur tout. La police, omniprésente, épie la population afin de déjouer tout risque de complot.
- À la tête des départements, les préfets (« empereurs aux petits pieds », selon Napoléon) assurent la transmission avec l'empereur.
- L'armée, soutien indéfectible de l'empereur, grossit. Elle joue un rôle important dans le maintien de l'ordre et le contrôle des masses.

Napoléon défait par son ambition

- Sous le Consulat et l'Empire, la France n'est jamais en paix. Si les guerres font la gloire de Napoléon, elles sont aussi à l'origine de sa chute. Au début, il accumule les victoires (Austerlitz en 1805, Iéna en 1806, Wagram en 1809) et, à son apogée, l'Empire devient « la France des 130 départements », où le Code civil est partout appliqué. Seule l'Angleterre résiste.
- En 1808, les Espagnols se soulèvent. En 1812, Napoléon est défait par la Russie. Le mécontentement des Français grandit face aux impôts et aux réquisitions.
- D'abord exilé sur l'île d'Elbe en 1814 par les souverains européens, Napoléon revient pour les Cent-Jours, avant d'être finalement exilé à Sainte-Hélène (1815), où il meurt en 1821.

Héritages et remises en cause des principes révolutionnaires

	RESTAURATION (1814-1830)	MONARCHIE DE JUILLET (1830-1848)	SECONDE RÉPUBLIQUE (1848-1851)	SECOND EMPIRE (1851-1870)
Conditions de mise en place	3 mai 1814, au lendemain de l'abdication de Napoléon, Louis XVIII, frère de Louis XVI, monte sur le trône. La Charte de 1814 instaure une monarchie constitutionnelle. À sa mort, son frère Charles X lui succède. Il se fait sacrer à Reims le 29 mai 1824, plaçant ainsi son pouvoir dans la lignée des monarques absolus oints de Dieu par l'Église.	Louis-Philippe, de la branche des Orléans (et non des Bourbons, comme ses prédécesseurs), apparaît comme la solution libérale à l'issue des Trois Glorieuses, pour restaurer l'ordre dans le pays, sans toutefois rétablir la République.	La République est enfin proclamée (24 février) à l'issue de trois journées révolutionnaires qui ont mis un terme définitif à la monarchie. Cette République effraie toutefois encore nombre de Français.	Louis Napoléon Bonaparte, élu premier président de la Seconde République en 1848 pour 4 ans, voyant la fin de son mandat proche et voulant garder le pouvoir, réalise un coup d'État pour rétablir l'Empire et le fait approuver par un plébiscite (20 nov. 1852).
Mode de suffrage	La Charte de 1814 rétablit le suffrage censitaire, avec un cens à 300 F (seulement 110 000 électeurs). La Charte de 1814 est conservée sous Charles X.	La Charte de 1814 est révisée et, si le suffrage reste censitaire, le cens est abaissé à 200 F. Le nombre d'électeurs augmente donc (240 000).	Le suffrage est universel masculin direct (aussi bien pour élire le président que l'Assemblée). Tous les citoyens âgés de plus de 21 ans votent jusqu'à la loi du 31 mai 1850.	Le pouvoir est entre les mains de l'empereur qui utilise le plébiscite, comme son oncle l'avait fait. Le suffrage universel est maintenu pour l'élection du Corps législatif (élu tous les 6 ans).
Pouvoir exécutif	Le « roi de France », promulgue les lois. Il nomme les ministres, les juges et les membres de la Chambre des pairs. Il peut dissoudre la Chambre des députés.	Le « roi des Français » (titre qui montre une proximité plus grande avec le peuple) garde le contrôle de l'exécutif.	Le président de la République, élu, a le contrôle de l'exécutif. Il nomme les juges, les ministres et promulgue les lois.	L'empereur concentre tous les pouvoirs ; c'est donc lui qui est à la tête de l'exécutif.

Pouvoir législatif	Le « roi de France » a l'initiative des lois. La Chambre des pairs (héréditaires) vote les lois. La Chambre des députés vote les lois et le budget.	Le « roi des Français » a l'initiative des lois. Il doit cependant partager ce pouvoir avec la Chambre des députés et la Chambre des pairs (la pairie n'est plus héréditaire).	L'Assemblée législative, élue, et les ministres ont l'initiative des lois, qui sont examinées par le Conseil d'État (dont les membres sont nommés par l'Assemblée).	L'empereur a l'initiative des lois. Les membres des Assemblées doivent lui prêter serment. Le Sénat vérifie la constitutionnalité des lois, le Corps législatif les discute et les vote.
Pouvoir et religion	La religion catholique est de nouveau religion d'État, mais le roi ne revient pas sur le concordat de 1801.	La religion catholique est de nouveau la « religion de la majorité des Français ».	L'Église catholique soutient la République. Par la loi Falloux de 1850, l'influence du clergé s'accroît sur l'éducation.	L'empereur s'éloigne de l'Église catholique.
Libertés	La Charte de 1814 assure la liberté de pensée, de religion, garantit la propriété et interdit toute poursuite contre ceux qui auraient participé aux événements révolutionnaires. Après 1820, la loi du « double vote » permet aux électeurs de voter deux fois. La « loi du sacrilège » prévoit la peine de mort pour la profanation des objets du culte.		Limitation des libertés de presse et de réunion, décidée en 1849. La peine de mort pour raison politique est abolie.	
Égalité	L'une des quatre ordonnances de 1830 veut limiter le suffrage aux seuls propriétaires fonciers.	La loi Guizot de 1833 garantit la gratuité de la scolarité pour les plus pauvres et oblige chaque commune à ouvrir une école. Le cens est abaissé, permettant ainsi à plus de citoyens de devenir électeurs.	Le droit au travail est proclamé. En 1848, l'esclavage est aboli. La loi du 31 mai 1850 restreint le suffrage universel : il faut résider depuis 3 ans dans le même lieu pour pouvoir voter.	

La Révolution de 1848 et l'avènement de la République

CAUSES ET CONSÉQUENCES

La fin de la monarchie de Juillet

- Libérale, la monarchie de Juillet devient, dès 1840, conservatrice. Par ses propos (« Enrichissez-vous et vous deviendrez électeurs »), **François Guizot**, ministre de **Louis-Philippe**, rend le régime impopulaire.
- La crise économique (montée des prix et du chômage), qui sévit dès 1846, porte le coup de grâce à la monarchie. Les opposants l'utilisent pour renverser le régime. Les réunions politiques étant interdites, ils organisent des banquets pour faire entendre leurs revendications.
- Comme le dernier banquet, prévu à Paris le 22 février 1848, est interdit par les autorités, des manifestations éclatent.

Une révolution éclair

- La révolution de 1848 secoue Paris pendant trois jours (22, 23 et 24 février). Le 23 février, comme des manifestants passent devant la résidence de Guizot, les soldats tirent et font 52 morts. Le 24, des barricades sont dressées dans les rues de la capitale.
- Face à l'insurrection, Louis-Philippe doit abdiquer. C'est la fin de la monarchie de Juillet.

La proclamation de la République

- Le 24 février, le poète et diplomate **Alphonse de Lamartine** proclame la République du balcon de l'Hôtel de Ville.
- Un gouvernement provisoire, dominé par les républicains modérés, s'organise le soir même, dans une atmosphère de fête républicaine. L'euphorie dure deux mois. Les journaux parlent d'une « régénération ».

UNE RÉPUBLIQUE FRAGILE

Un commencement républicain

- Le gouvernement veut résoudre la crise économique et sociale, mais aussi rétablir les libertés. Le droit au travail est proclamé. Le 26 février sont créés les **ateliers nationaux**, destinés à procurer des emplois aux 184 000 chômeurs parisiens. Implantés dans plusieurs grandes villes, ils sont vite débordés. Faute de travail, ils finissent par se transformer en asiles de charité.

● L'esclavage dans les colonies est aboli, grâce à **Victor Schoelcher** (1804-1893), ainsi que la peine de mort politique. Le suffrage universel (hommes de plus de 21 ans) est décrété. Les premières élections de l'Assemblée constituante (chargée de rédiger la Constitution), le 23 avril 1848, donnent la majorité aux républicains modérés (500 députés sur 900).

Un tournant autoritaire

● Après le 15 mai 1848 et l'invasion de l'Assemblée par l'extrême gauche, les modérés ripostent en faisant fermer les clubs et en arrêtant les socialistes les plus actifs. Le 22 juin, les ateliers nationaux, foyers d'agitation, sont dissous. La liberté de la presse est limitée.

● Une guerre civile éclate les 23, 24 et 25 juin, opposant forces de l'ordre et ouvriers. La répression est sanglante et la réaction immédiate.

● La Constitution du 4 novembre instaure un régime républicain, démocratique et conservateur. Homme providentiel, **Louis Napoléon Bonaparte**, neveu de Napoléon Ier et candidat du parti de l'Ordre (conservateur) remporte l'élection présidentielle des 11-12 décembre 1848. L'orientation conservatrice du régime se confirme lors des élections de l'Assemblée nationale (mai 1849).

● Cette politique discrédite l'Assemblée et favorise le coup d'État de Louis Napoléon Bonaparte, qui se rapproche habilement du peuple en la dissolvant. Le plébiscite du 20 décembre 1851, au suffrage universel, approuve la prise de pouvoir de Napoléon. La République est morte.

LA RÉPUBLIQUE ATTAQUÉE DE TOUS CÔTÉS

La montée du socialisme

● À gauche, les « démoc-soc », partisans d'une république démocratique et sociale, souhaitent la suppression de la présidence de la République (héritage de la monarchie), la liberté de la presse, l'abolition de la peine de mort, l'impôt progressif sur le revenu, la nationalisation des chemins de fer, des mines...

● Dénoncés comme « rouges » par leurs adversaires, en référence à la Terreur, ils forment des clubs, publient des journaux (*Le Peuple, La Réforme*...) et mènent une active propagande.

Des royalistes encore puissants

● Les royalistes ou « Blancs », membres du parti de l'Ordre, effrayés par juin 1848, s'appuient sur les notables et l'administration pour défendre la famille, la religion et la propriété, dénonçant le socialisme comme un pillage organisé.

La révolution industrielle

LA GRANDE-BRETAGNE, PRÉCURSEUR EUROPÉEN

De nouvelles sources d'énergie et de nouvelles techniques

- Dès le XVIIIe siècle, la Grande-Bretagne connaît un décollage (*take-off*) spectaculaire de son industrie, qui s'explique, en plus des ressources apportées par son vaste empire colonial (matières premières), par ses nombreuses innovations : la machine à vapeur (conçue par **James Watt** en 1769), la machine à filer le coton, le métier à tisser. Ces machines, construites en métal, peuvent être réalisées grâce aux progrès de la métallurgie avec l'apparition de la fonte et de l'acier.
- Le chemin de fer, nouveau moyen de transport, stimule la production de charbon (carburant), de fonte (rails) et l'industrie mécanique (locomotives), et intensifie les échanges.

Une nouvelle économie favorable à l'industrialisation

- L'essor industriel fait naître une économie capitaliste, fondée sur la propriété des moyens de production. Les banques privées de Londres financent les opérations industrielles et commerciales grâce aux dépôts des particuliers. La Bourse fait son apparition ; les actions attirent les investisseurs.
- Les régions dynamiques sont les pays « noirs » (dont l'activité repose sur l'extraction du charbon) : Pays de Galles, Lowlands d'Écosse, Yorkshire et Midlands. L'Angleterre est la première puissance industrielle d'Europe (« l'atelier du monde ») et elle le fait savoir lors de l'Exposition universelle de 1851 qui se tient au *Crystal Palace*.

DES TRANSFORMATIONS DANS TOUTE L'EUROPE

L'exode rural : de la campagne vers la ville

- En 1850, les populations européennes sont encore majoritairement rurales (à 50 % en Angleterre, à 80 % en France et à 90 % en Russie). La noblesse terrienne domine le monde des campagnes, assez peu touché par les innovations techniques, surtout à l'Est. Malgré quelques améliorations techniques, l'agriculture dépend encore fortement du climat.
- Alors que la population européenne passe de 192 à 274 millions, la pression démographique est de plus en plus forte dans les campagnes. L'industrialisation crée un grand nombre d'emplois dans les villes, ce qui déclenche un important mouvement d'exode rural.

Une population urbaine en pleine expansion

- Les grandes agglomérations (Paris, Londres ou Berlin) et les cités industrielles (Liverpool) voient leur population doubler ou tripler entre 1800 et 1850.
- Mais l'afflux de main-d'œuvre peu qualifiée accentue les inégalités sociales urbaines. Les quartiers aisés profitent des améliorations alors que les pauvres s'entassent dans des quartiers misérables, où les taux de mortalité demeurent très élevés.

La diffusion de la révolution industrielle en Europe

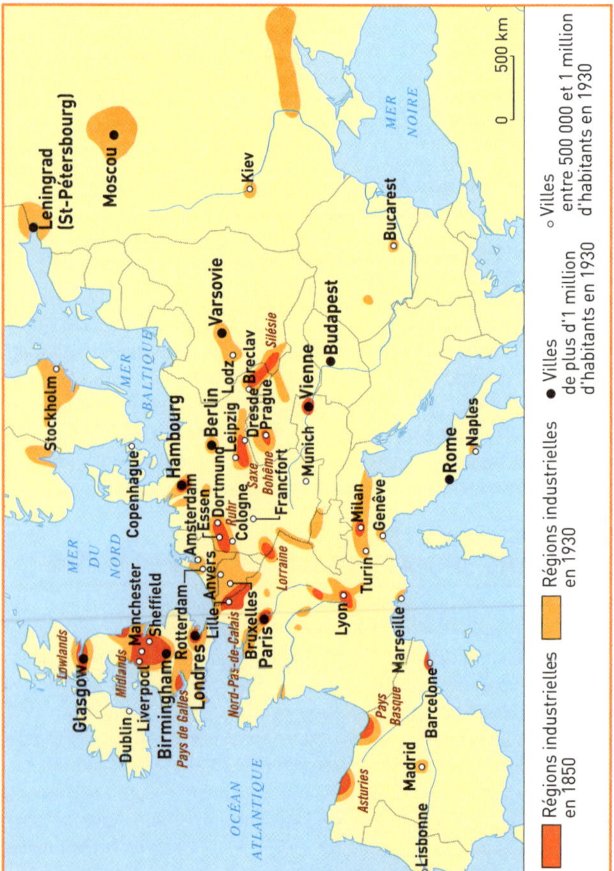

Deux nouvelles classes sociales : bourgeois et ouvriers

L'ASCENSION DE LA BOURGEOISIE

Une nouvelle classe sociale

- Avec l'industrialisation, la bourgeoisie (habitants des bourgs, c'est-à-dire des villes, à l'époque médiévale) acquiert un nouveau statut dans la société.
- La bourgeoisie est un groupe composite : au sommet, la haute bourgeoisie, riche de ses terres ; puis la bourgeoisie d'affaires (produit de la révolution industrielle), propriétaire des usines, qui investit en Bourse, à la banque ou dans le chemin de fer ; en dessous, les hauts fonctionnaires et les professions libérales, qui constituent la petite bourgeoisie.
- Les bourgeois sont en haut de l'échelle sociale, à la fois par leur fortune, les postes qu'ils occupent (les Rothschild sont banquiers ; les Schneider, patrons des forges du Creusot), et par les valeurs qu'ils véhiculent.

Les valeurs bourgeoises

- Si les bourgeois ont pour modèle la noblesse, ils n'en partagent pas les valeurs : pour eux, le travail, l'épargne et l'effort sont les seuls moyens d'enrichissement. Leur mode de vie est sobre et sans ostentation. Ils poussent leurs fils à faire des études et soignent l'éducation de leurs filles, pour qu'elles fassent un bon mariage.
- Durant le XIXe siècle, les valeurs bourgeoises s'imposent à l'ensemble des sociétés européennes, jusqu'aux cours royales. **Louis-Philippe** est ainsi le modèle parfait du « roi bourgeois ».

LA CONDITION OUVRIÈRE

L'ouvrier face à l'artisan

- Si l'artisanat est encore majoritaire (3/5e des ouvriers en Angleterre, 3/4 des ouvriers en France), avec l'apparition des machines, trop grandes pour être installées à domicile, les usines se multiplient dans le paysage urbain. Des usines géantes apparaissent, comme les forges du Creusot en France. Mais ces grandes unités restent des exceptions et, généralement, il n'y a pas plus d'une dizaine d'ouvriers par usine.
- À l'usine, le travail est mécanisé et déqualifié. Les ouvriers, souvent de nouveaux venus de la campagne, suivent le rythme des machines, répétant les mêmes gestes, pendant au moins 12 heures par jour, dans le seul but d'augmenter la production.

La condition ouvrière

- Le prolétariat, né de l'industrialisation, est soumis à des conditions de travail extrêmes. À l'usine, les journées sont interminables, il y fait très chaud et les machines sont très bruyantes. Les règlements intérieurs imposent une discipline stricte, soumettant les ouvriers récalcitrants à des amendes, d'autant plus insupportables que leurs salaires, calculés sur la base du prix du pain, sont très faibles et ne leur permettent aucune épargne.
- Payés à la journée ou à la semaine, placés sous la menace du licenciement, les ouvriers connaissent une grande précarité. Leur espérance de vie est très faible, 25 ans en moyenne, contre 40 ans pour les autres catégories sociales.
- Main-d'œuvre bon marché, les femmes et les enfants, dispensés d'école, sont également massivement employés par des patrons avides, qui les paient trois à quatre fois moins que les hommes.

LA QUESTION OUVRIÈRE

Aucune action gouvernementale

- Les ouvriers n'ont aucune protection sociale, ni assurance maladie, ni allocation chômage, ni caisse de retraite... En France, toute association professionnelle est interdite depuis 1791.
- Les lois sont ponctuelles et mal appliquées. La journée de travail des enfants est limitée à 12 heures en Angleterre en 1802 ; le travail des enfants de moins de 9 ans y est interdit en 1819. En France, la loi interdisant le travail des enfants de moins de 8 ans, votée en 1841, n'est pas appliquée.

La naissance du socialisme

- En Angleterre, où les syndicats (*trade unions*) sont autorisés dès 1825, les ouvriers se battent pour obtenir des réformes. En France, la révolte des Canuts de Lyon, dans l'industrie de la soie, marque le début des revendications sociales. Ces mouvements sensibilisent les élites bourgeoises.
- Le courant socialiste propose alors une nouvelle organisation du travail, fondée sur la solidarité. **Karl Marx** critique de manière plus radicale la société industrielle et capitaliste dans son *Manifeste du parti communiste* (1848), en théorisant la lutte des classes entre prolétariat et propriétaires (bourgeois). Pour lui, seule la propriété collective des moyens de production et la prise du pouvoir par le prolétariat peuvent mettre fin à ce système inégalitaire.

Naissance du libéralisme et du nationalisme

L'EUROPE POST-NAPOLÉONIENNE

Des idées nouvelles issues de 1789

● Depuis la Révolution française, les idées de souveraineté nationale et de droits de l'homme se sont diffusées en Europe. Ainsi, les libéraux européens souhaitent que les gouvernements soient désormais élus par la nation, mais aussi qu'ils garantissent à tous le respect de leurs droits.

● En 1815, lorsque s'effondre l'Empire napoléonien, les peuples européens, jusque-là occupés par la France, ont de grandes espérances.

L'Empire démantelé : le retour à l'ordre ancien

● Lors du congrès de Vienne, d'octobre 1814 à juin 1815, les principaux dirigeants européens (le chancelier autrichien **Klemens von Metternich**, le tsar de Russie **Alexandre Ier**, le roi de Prusse **Frédéric-Guillaume III** et le Premier ministre anglais **Castlereagh**) posent les bases de l'Europe post-napoléonienne.

● Tous veulent restaurer l'ordre ancien, c'est-à-dire rétablir les monarchies qui existaient avant Napoléon. Les dynasties régnantes retrouvent leur trône, les Constitutions et les libertés sont supprimées.

● Pour maintenir ce nouvel ordre politique et diplomatique, les vainqueurs de Napoléon signent le pacte contre-révolutionnaire de la Sainte-Alliance (26 septembre 1815).

LES RÉVOLUTIONS NATIONALES (1830-1848)

Le sentiment de l'identité nationale

● En réaction à l'occupation française, les peuples européens, qui ont développé un sentiment d'identité nationale, aspirent à constituer une nation, riche de sa propre culture et de son histoire. Ils n'apprécient guère le rétablissement monarchique et le découpage territorial entre les grandes puissances (Autriche, Russie, Prusse, Pays-Bas et Suède) établi par le congrès de Vienne.

● Des sociétés secrètes apparaissent : en Italie, les *carbonari* sont à l'origine d'insurrections et de complots. En Allemagne, les intellectuels prennent la tête du mouvement contestataire, pour réaliser l'unité allemande. Les artistes et les écrivains, à travers leurs œuvres, jouent un rôle très important dans la naissance du patriotisme et de la fierté nationale.

Les révolutions des années 1830

- En 1830, après neuf années de lutte sanglante, la Grèce est enfin libérée du joug de l'Empire ottoman. Cette première faille dans le nouvel ordre européen met fin à la Sainte-Alliance, puisque Français, Russes et Anglais ont apporté leur aide aux insurgés grecs.
- Inspirés par la révolution parisienne de 1830, qui sonne le glas de la monarchie, certains peuples européens se soulèvent à leur tour. Les Belges, avec la bénédiction de la France et de l'Angleterre, se libèrent de la Hollande, proclament leur indépendance et se dotent d'une Constitution.
- La Pologne s'émancipe de la tutelle russe et proclame son indépendance (janvier 1831). L'Allemagne et l'Italie se soulèvent pour obtenir l'unité nationale. Mais ces insurrections sont sévèrement réprimées.
- La coupure entre l'Est, réactionnaire (Russie et Prusse), et l'Ouest de l'Europe, où s'installent des régimes parlementaires (Angleterre, France, Belgique, Portugal, Suisse, Espagne), est de plus en plus nette.

LE « PRINTEMPS DES PEUPLES » (1848)

Une euphorie généralisée...

- De février à juin 1848, presque tous les pays d'Europe sont tour à tour secoués par des révolutions. Face à la monarchie et à la crise économique, les revendications sont partout les mêmes : libertés, souveraineté nationale et justice sociale.
- Comme en 1830, Paris, où la République est proclamée, initie le mouvement. Vienne, soutenue par toute l'Autriche, prend le relais : l'empereur **François-Joseph** doit accorder une Constitution au pays. Le mouvement gagne ensuite les États italiens (autour du Piémont-Sardaigne), sous occupation autrichienne, puis les États allemands et en particulier la Prusse. Les Hongrois se libèrent de l'Empire d'Autriche et les Tchèques y aspirent aussi.
- Menées par les étudiants, les ouvriers et les bourgeois, ces révolutions ont en commun leurs revendications de libertés, mais aussi de démocratie politique et de réforme sociale.

... mais sévèrement réprimée

- Le « printemps des peuples » est de courte durée : très vite l'Autriche réprime le mouvement révolutionnaire et rétablit l'autorité impériale. Elle reprend Prague dès juin 1848, puis Vienne, l'Italie du Nord et la Hongrie.
- Partout l'ordre est rétabli et les monarchies triomphent. Les divisions au sein de ces diverses révolutions ont largement contribué à leur échec.

L'Europe politique au milieu du XIXe siècle

L'Europe économique au milieu du XIXe siècle

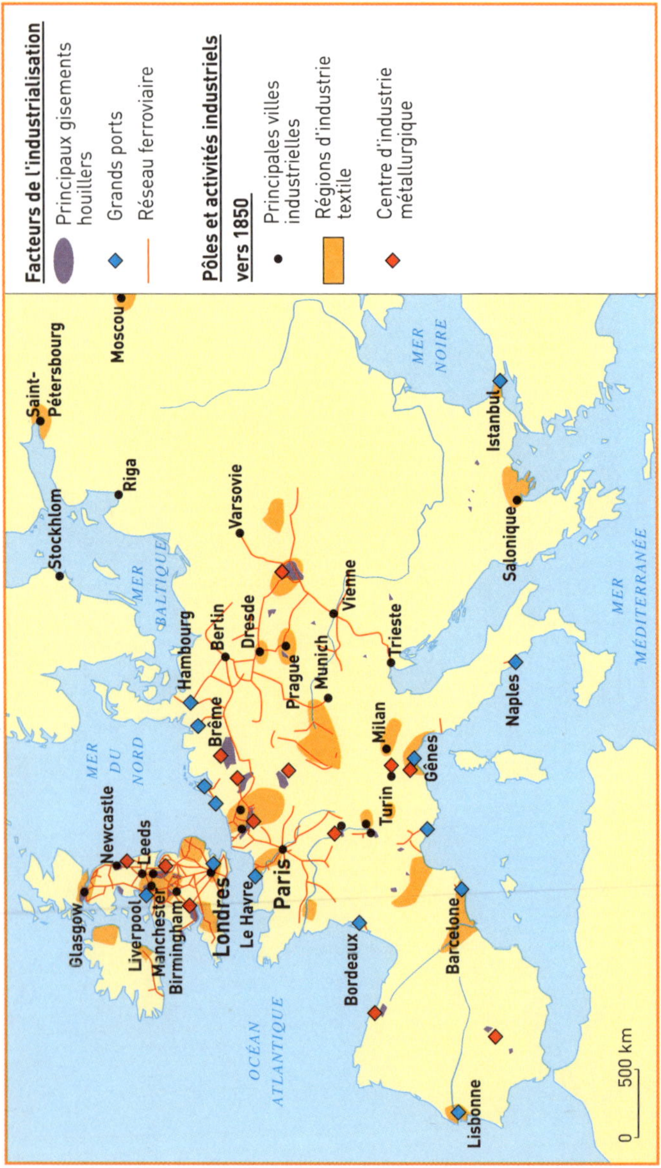

Un monde fait de pleins et de vides

UNE POPULATION MAL RÉPARTIE

La répartition de la population à l'échelle de la planète

- La plus grande partie de l'espace terrestre (2/3 des terres émergées) est inoccupée par l'homme. Les 2/3 de la population se concentrent sur seulement 10 % du territoire. On appelle ces grandes concentrations humaines les « foyers de peuplement ».
- On distingue quatre foyers principaux, concentrant plus de 50 % de la population mondiale : trois en Asie, un en Europe ; et des foyers secondaires (Nord-Est des États-Unis, Golfe de Guinée...).

Une population de plus en plus urbaine

- La population tend à se regrouper en ville et surtout dans les très grandes agglomérations (phénomène d'exode rural dans les pays du Sud). Les plus grandes villes de la planète sont plus peuplées que de nombreux États. Tokyo compte 30 millions d'habitants, soit la moitié de la population française !
- Cependant, certaines régions, comme le Bangladesh, sont toujours marquées par des densités rurales très fortes.

L'ORIGINE DES CONTRASTES DE PEUPLEMENT

Des lieux d'implantation privilégiés

- Hormis certains obstacles physiques difficilement surmontables, l'homme s'est donné le choix dans son implantation sur des territoires.
- Pourtant, il semble avoir privilégié trois types de lieux : les zones basses, les littoraux, et les régions agricoles bien arrosées, comme les deltas rizicoles des pays d'Asie du Sud-Est.

Des implantations humaines liées à l'Histoire

- Les quatre grands foyers de peuplement ont toujours été les mêmes, car le mouvement des grandes masses de population se fait très lentement, souvent sur plusieurs siècles. Ainsi, un territoire qui a été densément occupé tend à le rester.
- Certains foyers de peuplement secondaire, comme ceux des États-Unis ou du Brésil, n'ont pas toujours existé. Ils se sont créés avec les migrations voulues ou forcées (comme la traite des Noirs par exemple), sur des distances plus ou moins longues.

Les grands foyers de peuplement

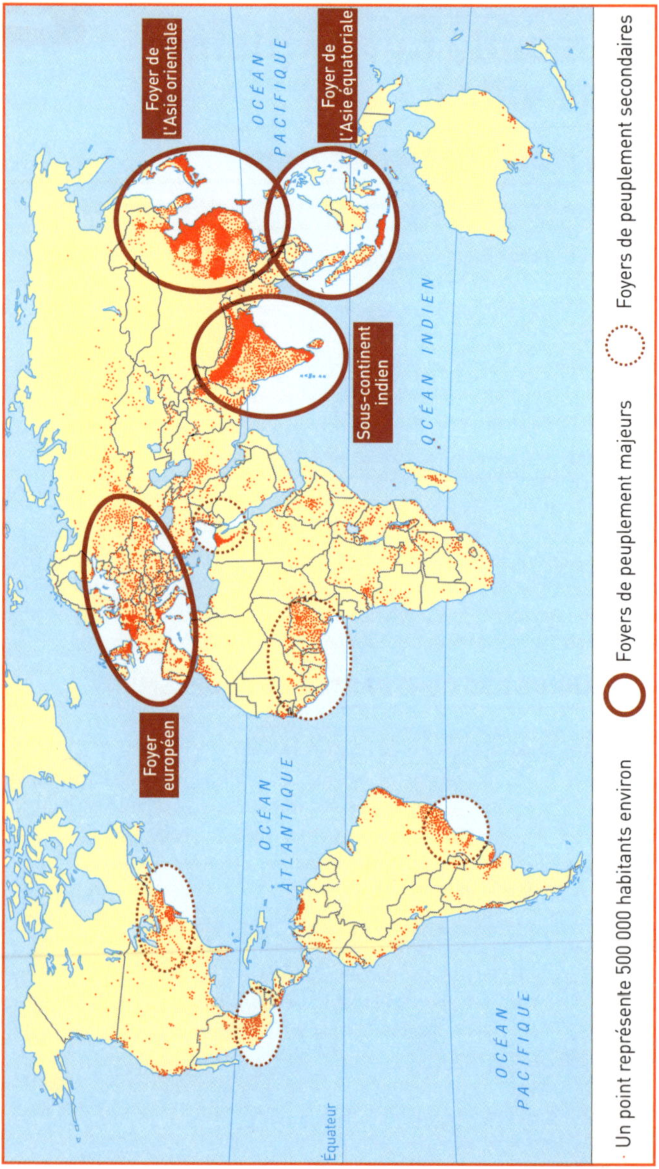

Un monde inégalement développé

RICHESSE ET DÉVELOPPEMENT, DEUX NOTIONS BIEN DISTINCTES

Le PIB révélateur de la richesse des États

- La richesse des pays se mesure grâce au **PIB** (produit intérieur brut). Cet indicateur fait apparaître des disparités énormes entre les pays. Les 10 pays les plus riches de la planète concentrent 70 % du PIB mondial. À l'inverse, les 50 pays à très faible PIB n'en représentent que 0,3 %.
- Avoir un PIB élevé ne signifie pas toujours avoir un niveau de développement élevé. C'est le cas par exemple des Émirats arabes unis qui ont un PIB très fort à cause du pétrole, mais une population vivant souvent en dessous du seuil de pauvreté (seuil sous lequel une personne est considérée comme pauvre).
- Ces chiffres ne doivent pas masquer les disparités internes à chaque pays. Même dans les pays riches subsistent des îlots de misère, comme le prouve la présence de nombreux SDF (sans domiciles fixes).
- Cependant, la misère est surtout répandue dans les pays pauvres. On estime aujourd'hui qu'environ le tiers de la population mondiale vit avec moins de 1 $ par jour.

L'IDH, révélateur du niveau de développement des pays

- Le niveau de développement d'un pays ne se mesure pas uniquement à sa richesse. Le développement correspond également à l'augmentation du niveau de vie et de sécurité d'une population, à sa capacité à accroître ses ressources et améliorer ses conditions de vie (dans les domaines de l'éducation et de la santé).
- Aujourd'hui, pour mesurer le niveau de développement d'un pays, on utilise l'**IDH** (indice de développement humain). Cet indice est calculé à partir de trois indicateurs :
  - le pouvoir d'achat, mesuré grâce au PIB/habitant ;
  - le niveau d'instruction, mesuré grâce au taux d'alphabétisation ;
  - l'espérance de vie à la naissance.
- D'autres éléments, comme la place de la femme dans la société, le secteur économique dominant, contribuent aussi à la mesure du développement d'un pays.

UN MONDE DIFFÉREMMENT DÉVELOPPÉ

Un monde hétérogène

- Le monde actuel est très hétérogène sur les plans politique, économique, militaire et démographique. Une division entre deux ensembles apparaît clairement : celle entre le Nord développé et le Sud en développement. Cette séparation n'est pas forcément géographique, puisque certains pays appartenant au Nord, comme l'Australie ou la Nouvelle-Zélande, sont situés dans l'hémisphère Sud.
- Le Nord regroupe une minorité de la population mondiale. Cependant, il réunit les pays les plus riches qui concentrent la majorité des flux de marchandises et de capitaux. C'est dans cette partie du monde que sont regroupés les pays avec l'IDH le plus fort.
- Le Sud est beaucoup plus défavorisé. Il réunit les deux principaux foyers de peuplement avec deux géants démographiques : la Chine et l'Inde. Alors que s'y concentre la majorité de la population mondiale, beaucoup de pays du Sud ont un IDH faible. C'est aussi la zone la plus touchée par les conflits armés et par les catastrophes naturelles.

Une géographie simplifiée du développement

- Si l'on oppose classiquement un Nord développé à un Sud en développement, ces deux espaces sont en réalité très hétérogènes en leur sein. Il est donc préférable d'utiliser le pluriel et de parler des Nords et des Suds.
- Parmi les pays développés, on distingue :

– les trois pôles de la **Triade** : Union européenne, Amérique du Nord et Japon ;

– des pays bien développés, mais qui ne sont pas les centres d'impulsion de la planète (l'Australie par exemple) ;

– les pays de l'ex-URSS qui font encore partie des pays du Nord malgré les difficultés économiques rencontrées ;

– les quatre dragons d'Asie du Sud-Est : Taïwan, Corée du Sud, Hong Kong et Singapour. Grâce à leur formidable développement, ils ont réussi à obtenir un IDH supérieur à 0,8, les classant désormais parmi les pays du Nord.

- Les pays du Sud peuvent se classer en quatre catégories :

– les **PMA**, essentiellement situés en Afrique, qui rencontrent les plus grandes difficultés de développement ;

– les PED, en situation intermédiaire ;

– les pays pétroliers, riches mais peu développés ;

– les pays émergents, qui connaissent un fort développement économique, comme l'Inde, la Chine ou le Brésil.

Les frontières, lieu de séparation ou d'échanges ?

DES FRONTIÈRES, POUR QUI ? POURQUOI ?

À quoi servent les frontières ?

- Les populations humaines vivent toutes dans des territoires différenciés, bornés, délimités : les États. À l'intérieur de son espace, l'État étend sa souveraineté. On en dénombre actuellement plus de 200.
- Chaque État est séparé de son voisin par une frontière qui peut être une ligne imaginaire (entre la Suisse et la France par exemple, elle n'est délimitée que par des bornes en pierre) ou une ligne bien réelle et souvent infranchissable (mur de Berlin entre 1961 et 1989).
- Les frontières sont souvent surveillées pour savoir quelles sont les personnes et les marchandises qui rentrent ou qui sortent d'un territoire donné, comme le long de la frontière entre le Mexique et les États-Unis.

Les différents types de frontières

- On oppose, dans un premier temps, les frontières « naturelles », qui suivent le tracé d'un cours d'eau ou des lignes de crêtes (frontière franco-espagnole par exemple), aux frontières « artificielles », beaucoup plus géométriques (la plupart des tracés frontaliers africains). Dans les deux cas, il s'agit toujours d'un tracé décidé par les hommes.
- On identifie, dans un second temps, trois grands types de frontières :

– les frontières semi-perméables qui séparent des pays du Nord et du Sud, comme celle entre les États-Unis et le Mexique ;

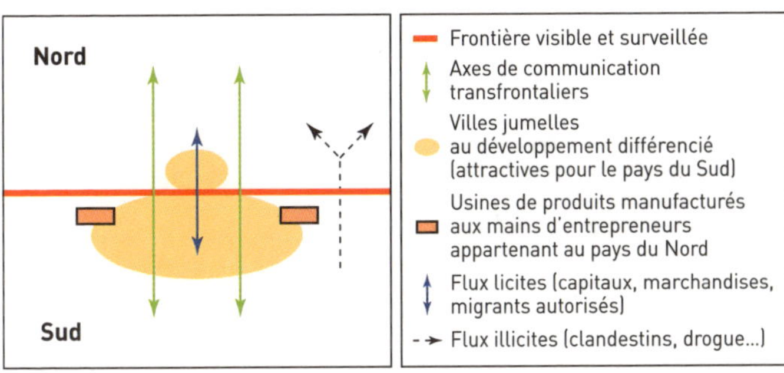

– les frontières qui s'effacent, comme en Europe, pour faciliter le passage des hommes et des marchandises ;

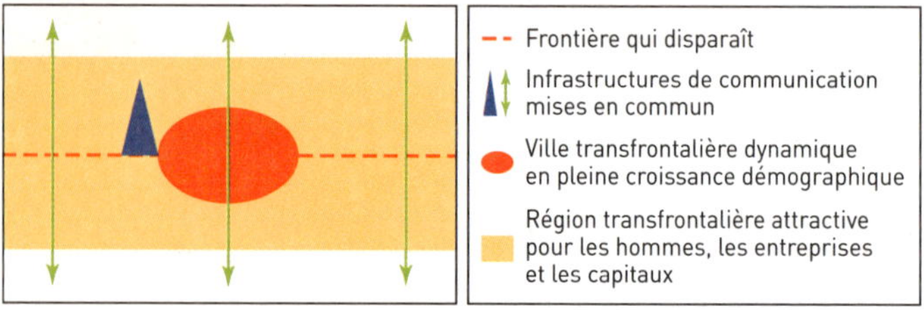

– les frontières qui se renforcent, comme celle entre les deux Corées, et qui deviennent imperméables.

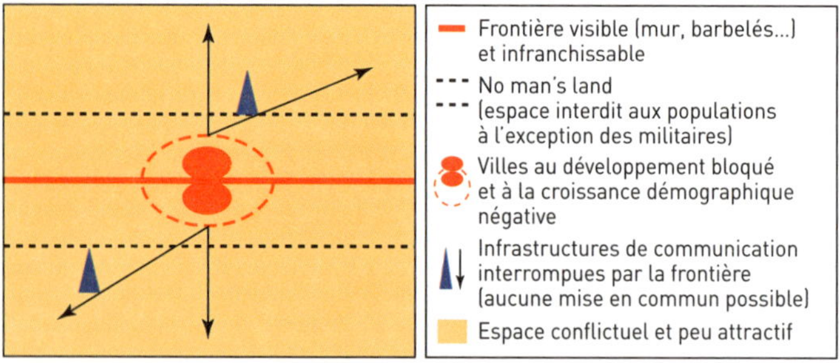

LA FRONTIÈRE, UNE RUPTURE DANS L'ESPACE

Les discontinuités provoquées par les frontières

- La frontière marque une rupture entre des espaces différents, tant du point de vue économique que culturel. À l'intérieur des frontières, chaque État organise son territoire de façon autonome pour répondre à ses besoins.
- Cette organisation discontinue du territoire apparaît souvent nettement autour de la frontière. Celle-ci représente alors un obstacle qui peut avoir des répercussions sur les infrastructures de communication, sur la forme des villes... Les réseaux de transports, par exemple, sont souvent différents : parfois, l'écartement des voies de chemin de fer nécessite même des changements de trains. Les agglomérations urbaines frontalières sont souvent déformées par la frontière.

Un effacement progressif des frontières

- Avec l'essor de la mondialisation, les frontières tendent à disparaître de plus en plus, car elles représentent des entraves à la circulation.
- Dans l'Union européenne, les pays ont mis en place un plan de réseau de transport européen pour faciliter les échanges transfrontaliers. Au niveau régional, des eurorégions (associations de régions transfrontalières) ont été créées pour bénéficier de « l'effet frontière ».

Nouveaux États, nouvelles frontières : quels enjeux géopolitiques ?

TOUJOURS PLUS D'ÉTATS SUR TERRE

Le principe de l'État-nation

● En théorie, un État correspondrait à une nation, c'est-à-dire à un peuple ayant le sentiment d'appartenir à une même communauté (culture commune, langue commune, histoire commune et, souvent, religion commune). Ce principe de l'État-nation a été créé en Europe et s'est développé surtout depuis le XIXe siècle. La plupart des peuples souhaitent pouvoir disposer d'un État qui leur est propre, ce qui engendre un certain nombre de conflits à travers le monde (guerre du Kosovo en 1999, par exemple, dans l'ex-Yougoslavie).

● Mais, dans la réalité, plusieurs cas de figure se présentent :

– les États multinationaux : ils regroupent plusieurs nations ou des populations culturellement différentes. On en trouve sur les cinq continents (en Belgique, par exemple, les Flamands et les Wallons) ;

– les États nationaux, à l'intérieur desquels des minorités souhaitent acquérir leur indépendance (les Kurdes en Turquie), ou ont, tout du moins, des revendications identitaires (les nationalistes basques en Espagne) : ils sont très nombreux en Afrique car les colons européens, lorsqu'ils ont procédé au tracé des frontières à la fin du XIXe siècle, n'ont pas tenu compte de la répartition des peuples ;

– les États nationaux divisés en deux à la suite de choix politiques imposés par des puissances extérieures : s'ils étaient nombreux durant la guerre froide (Allemagne, Vietnam, Corée...), aujourd'hui, il ne reste que la Corée, qui est en train de faire certains pas vers la réunification.

Disparitions et créations d'États

● Depuis 1989, le nombre d'États dans le monde s'est notablement accru (on en compte plus d'une vingtaine en plus). Certains pays se sont réunifiés comme l'Allemagne (ex-RDA et ex-RFA). D'autres, comme la Tchécoslovaquie, se sont divisés (en République tchèque et Slovaquie). Certains ont volé en éclats comme l'URSS ou la Yougoslavie. Parfois, les pays ont aussi changé de nom : ainsi, en Afrique, le Zaïre est devenu la République démocratique du Congo.

● Les frontières nées de ces changements, et celles héritées de la colonisation, sont parfois contestées, ce qui engendre des guerres entre pays et des guerres civiles.

● La majorité de ces conflits résulte des revendications des communautés nationales qui affirment leur identité politique et culturelle, comme dans le conflit yougoslave dans les années 1990.

FRONTIÈRES ET GÉOSTRATÉGIE

Les frontières, fauteurs de troubles

● Bouleversement de la carte du monde, création de nouveaux kilomètres de frontières, conflits intérieurs, refus d'accorder des indépendances, tous ces événements ont souvent des causes géostratégiques.

● La frontière borne un territoire à l'intérieur duquel toutes les ressources appartiennent à l'État. Or, certaines de ces ressources sont parfois situées à cheval sur plusieurs pays ; les frontières ne servent alors à rien ou, au contraire, attisent les conflits.

● C'est le cas de l'eau dans les pays arides. La réalisation d'un barrage en Turquie sur le fleuve Euphrate, par exemple, a attisé un conflit avec l'Irak, pays très aride et dépendant de ce fleuve pour son approvisionnement en eau. Achevé en 1992, la mise en eau du barrage a entraîné une chute de 40 % du débit du fleuve, pénalisant lourdement les pays situés en aval.

Les frontières maritimes, sources de conflits

● Les ressources maritimes intéressent également les États. Les frontières maritimes deviennent donc également des facteurs de conflits. En mer de Chine, par exemple, six pays se disputent la souveraineté de petits îlots apparemment sans importance. Or, ces îlots (Spratly et Paracels) recèlent d'immenses gisements de pétrole.

● Face à ces différents conflits, la Convention des Nations unies sur le droit de la mer a tenté de régler le problème en instaurant des règles : chaque État ayant des frontières maritimes dispose d'eaux territoriales ainsi que d'une ZEE (zone économique exclusive) de 200 milles marins (370 kilomètres). Mais cette disposition est à son tour problématique car les ZEE ne peuvent pas être créées partout ; le problème se pose notamment entre la Grèce et la Turquie en mer Égée.

La globalisation du monde

UNE SEULE TERRE AU NIVEAU ÉCONOMIQUE ?

Qu'est-ce que la mondialisation ?

● Avec la disparition progressive des frontières économiques, se met en place une économie planétaire. Les flux de capitaux, les informations et les images circulent instantanément et sans obstacle. Seuls les déplacements des hommes sont soumis à des restrictions le long des frontières ou dans les aéroports, qui constituent les principales portes d'entrée des États.

● Cette croissance des échanges résulte des besoins des entreprises d'aller vers d'autres pays pour exporter, investir, chercher des matières premières ou de la main-d'œuvre bon marché. De plus en plus d'entreprises conçoivent leur stratégie à l'échelle planétaire : ce sont des FTN (firmes transnationales).

● À côté de ces échanges se crée aussi une économie mondiale souterraine, que les géographes appellent l'« anti-monde ». Il s'agit des réseaux illicites liés au trafic de drogue, au blanchiment d'argent sale, à la prostitution, à l'immigration clandestine, etc.

Les associations mondiales et régionales, acteurs clés de la mondialisation

● Pour gérer la mondialisation, les États se sont réunis dans des associations internationales visant à réguler et à organiser les échanges et les flux. C'est le cas de l'OMC (Organisation mondiale du commerce, créée en 1992), du **FMI** (Fonds monétaire international, créé en 1945) ou de la Banque mondiale qui assure des prêts aux pays les plus pauvres.

● Les États ont eu tendance à se regrouper en associations régionales, souvent à visée économique, pour favoriser les échanges à l'intérieur de ces zones et se protéger des pays extérieurs. Même si de nombreuses associations se créent, seules quatre fonctionnent vraiment :

- l'**ALENA** (Accord de libre-échange nord-américain) entre les États-Unis, le Mexique et le Canada ;
- le **MERCOSUR** (Marché commun de l'Amérique du Sud) entre l'Argentine, le Brésil, le Paraguay et l'Uruguay ;
- l'**ASEAN** (Association des nations de l'Asie du Sud-Est) qui regroupe 10 États ;
- l'**UE** (Union européenne) regroupant 27 États. C'est l'association la plus aboutie, notamment pour les pays de l'**espace Schengen** et de la **zone euro**.

UNE SEULE TERRE AU NIVEAU ENVIRONNEMENTAL ?

Une situation bien délicate

- Il serait faux de croire que chaque État à l'intérieur de ses frontières serait protégé du reste du monde. Les grandes questions environnementales doivent être posées à l'échelle du globe et non plus à celle d'un continent ou d'un pays. Les scientifiques ont bien montré qu'une explosion volcanique ou un accident nucléaire peut avoir des répercussions sur l'ensemble de la planète.
- L'essor de la mondialisation (en particulier des transports de marchandises ou d'hommes) pose le problème des ressources naturelles et de leur gestion, comme le pétrole notamment.
- Des catastrophes, locales au départ, telles les marées noires ou l'explosion d'usines chimiques ou nucléaires, ont des conséquences sur le reste de la planète. Plus lentement, mais inexorablement, l'émission de gaz carbonique, d'oxyde de soufre, la destruction des ressources (la déforestation par exemple) modifient l'équilibre de la Terre et posent le problème du développement des générations futures.

Des raisons d'espérer ?

- Les différents États de la planète sont conscients de ces enjeux et, depuis le début des années 1990, tentent d'apporter des solutions. Ils ont créé une nouvelle notion, le **développement durable**, apparue lors du sommet de la terre de Rio en 1992 et reprise dans toutes les conférences internationales.
- L'action de certains pays lors des conférences, l'action des ONG (organisations non gouvernementales), la pression de groupes écologistes comme Greenpeace et de l'opinion publique ont permis la mise en application de mesures concrètes : ainsi la signature des accords de Kyoto en 1997 sur la réduction des gaz à effet de serre.
- Mais ces mesures restent limitées car tous les pays n'y adhèrent pas : c'est notamment le cas des États-Unis, les plus gros pollueurs de la planète, ou des pays pauvres dont le développement industriel est source de pollution telle la Chine, devenue l'« atelier du monde ».

Croissance démographique et situation alimentaire

CROISSANCE DÉMOGRAPHIQUE ET TRANSITION DÉMOGRAPHIQUE

La « bombe démographique »

- La population mondiale n'a cessé de croître depuis le début de l'histoire des hommes. Mais, depuis 1950, elle a triplé, passant de 2 à 6 milliards d'habitants sur la planète.
- Pourtant, les démographes sont aujourd'hui convaincus que la « bombe démographique » n'explosera plus. La population mondiale devrait se stabiliser autour de 10 milliards à l'horizon 2100.

Vers la fin de la transition démographique

- Cette stabilisation s'explique par l'achèvement de la transition démographique dans la plupart des pays du monde : elle correspond à une phase durant laquelle le **taux de mortalité** chute brutalement, tandis que le **taux de natalité** se maintient à un niveau assez élevé et ne baisse que très progressivement. L'**accroissement naturel** est ainsi très fort, provoquant une forte augmentation de la population.
- Certains PED (pays en développement) ont accéléré leur transition démographique et ont aujourd'hui une démographie équivalente à celle des pays du Nord. C'est le cas en particulier de la Chine grâce à la politique de limitation des naissances initiée par l'État à la fin des années 1970.

LA SITUATION ALIMENTAIRE DANS LE MONDE

Une situation en voie d'amélioration...

- Le nombre de personnes souffrant de sous-alimentation (régime calorique journalier insuffisant) a diminué. Il était de 950 millions en 1970 contre 840 aujourd'hui (799 millions pour les PED et 41 millions pour les pays développés).
- En valeur absolue, c'est le continent asiatique qui est le plus touché par la sous-alimentation mais, en pourcentage par rapport à la population totale, c'est le continent africain qui arrive largement en tête. La faim reste donc un véritable fléau dans le monde même si, à l'heure actuelle, le nombre de sous-alimentés diminue de 8 millions par an.

● Cette diminution progressive de la sous-alimentation à travers le monde s'explique en partie par une croissance plus rapide de la production agricole par rapport à l'augmentation de la population. Les progrès agricoles (techniques, semences...) ont permis d'accroître fortement les rendements et la productivité. Grâce à cette évolution, la disponibilité alimentaire moyenne par habitant est passée de 2 300 calories en 1960 à 2 800 en 2005. Elle est supérieure au seuil de 2 700 calories par jour fixé par la *Food and Agriculture Organization* (FAO) ; cette institution de l'ONU a été crée en 1945 pour améliorer la nutrition, les rendements agricoles et le niveau de vie.

● Aujourd'hui, en théorie, l'agriculture mondiale est susceptible de nourrir l'ensemble des 6 milliards d'habitants de la planète.

... mais des disparités régionales de plus en plus marquées...

● En réalité, l'autosuffisance alimentaire reste un problème à cause de la mauvaise répartition des ressources alimentaires et de l'inégalité des échanges internationaux de produits alimentaires. Deux mondes s'opposent : le Nord produit beaucoup trop par rapport à sa population, et le Sud est en sous-production par rapport à sa population.

● Plusieurs solutions apparaissent pour régler ce problème et pour parvenir à relever le défi alimentaire de manière durable :

- mieux répartir les agricultures dans le monde ;
- organiser les échanges de produits alimentaires à travers le monde de façon équitable.

... qui entraînent famines et crises alimentaires dans certains PED

● Souvent, les ressources agricoles dépendent du contexte climatique qui peut être très handicapant. Dans la région du Sahel, par exemple, la désertification menace 70 % des sols cultivés, ce qui peut entraîner des famines. Cependant, celles-ci ont aujourd'hui quasiment disparu de la planète.

● Si le facteur naturel joue un rôle évident, c'est surtout le facteur anthropique qui doit être mis en avant. Les crises alimentaires sont souvent provoquées par des dirigeants politiques peu préoccupés par le sort de leur population ou par des situations de guerre qui entretiennent de manière délibérée les pénuries alimentaires.

● Certaines régions du monde cumulent ces facteurs, comme l'Afrique subsaharienne. En Asie, au contraire, la situation s'améliore lentement, mais l'équilibre reste précaire : des crises alimentaires sont encore présentes en Afghanistan ou en Corée du Nord.

Les grands systèmes agricoles

DES SYSTÈMES AGRICOLES DIVERS ET VARIÉS

Les systèmes agricoles des pays développés

● La grande majorité des pays du Nord pratique une agriculture productiviste dont le but est de produire toujours plus, soit en intensifiant la production sur un espace donné (production intensive), soit en augmentant les surfaces cultivées (production extensive), comme aux États-Unis. Cette agriculture résulte des transformations accomplies depuis le XVIIIe siècle, telles l'apparition des machines agricoles, la sélection des plantes et des animaux par des procédés scientifiques ou encore l'utilisation des engrais.

● Elle se caractérise par des exploitations de taille souvent très importante, gérées par un chef d'exploitation avec très peu de main-d'œuvre. Ce dernier est un véritable entrepreneur intégré au secteur agroalimentaire (ensemble des activités économiques qui se développent autour de l'agriculture et qui ont pour but la transformation et la vente des produits alimentaires). Il dépend des industries en amont de sa production, mais aussi en aval, puisqu'il leur vend sa récolte.

● Cette agriculture est aujourd'hui entièrement tournée vers l'économie de marché.

Les systèmes agricoles des PED

● Traditionnellement, dans les PED, s'identifient trois systèmes agricoles :

– une agriculture d'**autosubsistance peu performante** : on la trouve surtout en Afrique ou dans certaines régions d'Asie centrale. Elle s'organise presque toujours autour du village sur des parcelles réduites et travaillées à la main avec un outillage très rudimentaire ou sur des **brûlis**. La production agricole est avant tout vivrière. La dépendance vis-à-vis du milieu naturel est forte ;

– une agriculture à la fois **vivrière et commerciale** dans les zones irriguées : présente en Asie, on la retrouve ponctuellement en Afrique le long des cours d'eau ou dans les oasis. Elle demande une importante main-d'œuvre agricole, à la fois pour l'entretien des canaux d'irrigation et pour les travaux agricoles ;

– une agriculture **commerciale,** souvent issue de la colonisation dans les PED, qui dépend fortement de la fluctuation des marchés mondiaux car elle est spécialisée dans une seule production. Bien souvent aux mains des firmes étrangères ou de l'État, cette agriculture dite de « plantation » ne profite jamais à la petite paysannerie.

LES GRANDS SYSTÈMES AGRICOLES ET LEUR FONCTIONNEMENT DANS LE MONDE

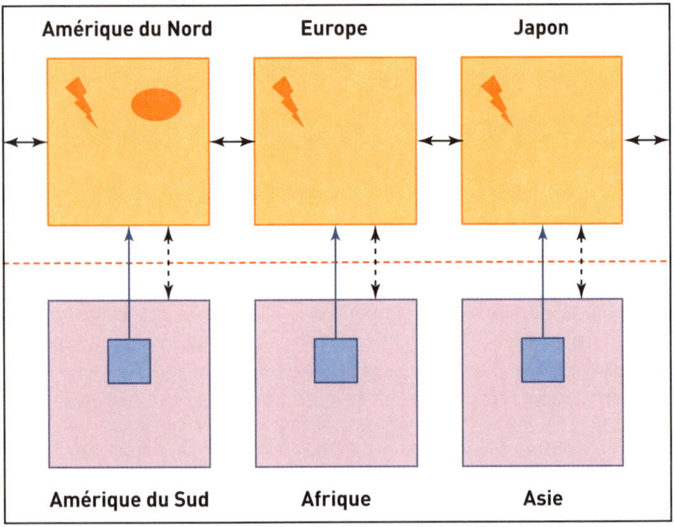

Les différents types d'agricultures

- Agriculture moderne, mécanisée, destinée à l'exportation
- Agriculture traditionnelle, vivrière, nécessitant une main-d'œuvre importante
- Îlots d'agriculture intensive et productive dans les pays du Sud, souvent aux mains d'entreprises étrangères

Les flux agricoles

- Échanges commerciaux agricoles entre les pôles de la Triade
- Exportations de produits agricoles à destination des pays du Nord (agriculture de plantation)
- Échanges commerciaux agricoles restreints
- Bourse agricole mondiale
- Sièges sociaux des grandes firmes multinationales agroalimentaires

La révolution verte dans les PED

QU'EST-CE QUE LA RÉVOLUTION VERTE ?

Les principes de la révolution verte

- La forte croissance démographique due à la transition démographique dans les PED depuis les années 1950 aurait dû multiplier les famines dans ces régions. Or, il n'en a rien été. C'est en partie grâce aux politiques de modernisation des agricultures du tiers monde pour permettre à ces pays d'atteindre l'autosuffisance alimentaire.
- Désigné sous le terme de « révolution verte », ces politiques de modernisation de l'agriculture ont d'abord vu le jour au Mexique, puis se sont propagées en Asie dans les années 1960 (Inde et Pakistan en particulier) et en Afrique (Madagascar notamment). Elles désignent le bond technologique réalisé en agriculture à la suite des progrès scientifiques effectués durant l'entre-deux-guerres.
- La mise en place de ces transformations agricoles suit presque toujours le même processus : sélection et importation de nouvelles semences, à haut rendement, depuis les pays industrialisés ; ajouts d'engrais chimiques et de pesticides comme en Colombie pour la culture du café ; achat de machines performantes aux firmes agroalimentaires ; utilisation massive de l'irrigation.

États et grandes firmes agroalimentaires, des acteurs clés de la révolution verte

- Pour mener à bien ces transformations, le rôle de l'État est souvent primordial. Il intervient tout au long du processus : en amont, il peut acheter les semences étrangères, s'engager dans la réalisation des réseaux d'irrigation, former des techniciens, financer des laboratoires de recherche ; en aval, il garantit les prix pour les productions agricoles.
- Les pays développés et les grandes firmes agroalimentaires interviennent également dans cette révolution verte et en retirent des bénéfices en diffusant les produits agricoles (machines, engrais, pesticides...) et en faisant des transferts de technologies (recherche agronomique par exemple) avec les pays concernés.
- Ces interventions ont pour conséquence d'accroître la dépendance des pays du Sud envers les pays du Nord, la dette des PED et la constitution d'un gigantesque marché agricole mondial aux mains des grandes **FMN** agro-alimentaires.

UN BILAN NUANCÉ

Un succès indéniable sur le plan productif

- La révolution verte a permis, à moyen terme, une augmentation majeure des rendements agricoles. Ainsi, l'Inde a doublé sa production en 20 ans et d'importatrice, elle est devenue exportatrice, tout en réussissant à devenir autosuffisante. Grâce à ce processus, c'est plus d'un milliard de personnes qui ont pu être sauvées de la faim entre l'Inde et le Pakistan.
- La transformation des agricultures apparaît donc comme un modèle efficace pour les PED. Ainsi, depuis les trente dernières années, de nombreuses régions du Sud, en particulier en Afrique, ont suivi ce modèle et ont obtenu des améliorations productives notables.

Un échec social et environnemental

- Croire que la révolution verte est une solution miracle pour les PED serait totalement faux. En effet, ses conséquences environnementales et sociales sont très négatives.
- L'utilisation massive d'engrais et d'insecticides pollue les sols. Les besoins en eau augmentent considérablement dans des lieux où celle-ci est rare, et la sélection des semences à haut rendement limite considérablement la biodiversité.
- La révolution verte est à la base de profonds changements socioculturels. Ainsi, la mécanisation a limité le besoin de main-d'œuvre, favorisant un **exode rural** massif. Les savoir-faire agricoles traditionnels ont progressivement disparu. Les paysans se sont retrouvés insérés dans le système agroalimentaire et donc placés sous la dépendance des grandes FMN du secteur.
- La mise en place de cette modernisation agricole a souvent été fatale aux petits paysans. Malgré les aides de l'État, ces derniers ont en effet été obligés de s'endetter pour suivre les évolutions techniques. Trop souvent ils ont dû vendre leurs terres aux paysans plus riches, à l'État, voire aux FMN et se sont retrouvés sans ressources, comme les paysans sans terre du Brésil.
- Au final, la révolution verte a accru considérablement les inégalités sociales au sein des populations des PED.

Agriculture et environnement : les risques actuels

LE RISQUE DE L'AGRICULTURE EXTENSIVE DANS LES PED

Les risques liés à la volonté d'augmenter les surfaces de production

- Les différents systèmes agricoles ne permettent pas, ou plus, de préserver les **écosystèmes**. Bien au contraire, ils sont responsables de leur dégradation et parfois même de leur disparition.
- Aujourd'hui se pose le problème préoccupant de la déforestation et des fronts pionniers dans la plupart des pays du Sud. La taille des forêts tropicales ne cesse en effet de diminuer sous la pression des paysans à la recherche de nouvelles terres cultivables à bas prix. Certains pays comme l'Indonésie ont ainsi vu leur superficie forestière se réduire considérablement en quelques années.
- Au Brésil, par exemple, près de 25 000 km^2 de forêt ont disparu et le front pionnier avance inexorablement. De plus, la disparition de la forêt est irrémédiable car l'exploitation à outrance de ces milieux forestiers détruit les sols et empêche la repousse de la forêt.

Les risques liés à la nécessité d'augmenter la production

- En premier lieu, les techniques anciennes ne sont plus adaptées à la pression démographique. C'est le cas de la culture sur **brûlis**. Il s'agit d'une pratique agricole consistant à brûler une parcelle de forêt et à la cultiver pendant une durée assez courte en utilisant des cendres comme engrais. Au-delà de quatre ou cinq ans de culture, cette parcelle retourne à la friche et la forêt repousse. Lorsque la pression démographique est trop forte, un cercle vicieux se crée car le temps laissé à la repousse de la forêt diminue, les cendres sont moins importantes et les parcelles s'épuisent, conduisant irrémédiablement à l'apparition d'une couche de latérite sur le sol, rendant impossible toute nouvelle culture.
- En second lieu, les Occidentaux ont souhaité imposer des techniques agricoles modernes dans des lieux parfois inadaptés, pour augmenter la production et pouvoir nourrir une population grandissante. Ce fut notamment le cas au Sahel, où l'introduction de la charrue en remplacement de l'araire a détruit une partie des sols.

LE RISQUE DE L'AGRICULTURE PRODUCTIVISTE DANS LES PAYS DÉVELOPPÉS

Un méfait pour l'homme ?

- Les évolutions récentes de la recherche agronomique ont mis en avant des questions nouvelles liées à l'insécurité alimentaire. La crise de la vache folle pendant les années 1990 a ainsi démontré les limites de l'agriculture intensive. Sous la pression des firmes agroalimentaires, les agriculteurs s'étaient mis à nourrir des animaux, à l'origine herbivores, avec des farines animales, les rendant ainsi carnivores et provoquant des maladies à la fois chez les bêtes et chez les hommes (maladie de Creutzfeldt-Jakob).
- Les inquiétudes suscitées par les effets des OGM sur l'alimentation humaine, la pollution des sols par les nitrates, les poulets élevés à la dioxine... sont autant d'éléments qui conduisent à s'interroger de plus en plus sur les bienfaits réels d'une agriculture productiviste et intégrée à la filière agroindustrielle. Le contrôle en amont et en aval des agriculteurs par les firmes agroalimentaires oblige ces derniers à accepter leurs produits souvent onéreux et polluants.
- C'est ainsi tout le modèle productiviste qui est remis en question. En France, par exemple, le modèle breton fondé sur une agriculture à haut rendement a pollué une partie des nappes phréatiques de la région et souillé les côtes du littoral avec l'arrivée massive d'algues vertes, conséquences directes des produits utilisés pour l'élevage intensif des volailles ou des porcs.

La limitation de la biodiversité

- Par souci de rentabilité, les grandes firmes mondiales de l'agrobusiness se préoccupent en priorité des grandes cultures des pays riches (maïs, colza, blé ...). Cela tend à réduire à un nombre limité les espèces qui seront cultivées demain à des fins alimentaires, d'autant plus que ces grandes cultures sont de plus en plus imposées aux PED, comme le maïs en Afrique au détriment du millet ou du sorgho.

Des risques pour la planète ?

- L'extension des surfaces défrichées, l'utilisation abusive d'engrais et de pesticides, l'augmentation du cheptel comptent parmi les causes expliquant les grands bouleversements écologiques de la planète comme le réchauffement climatique ou le trou dans la couche d'ozone.

Une mauvaise répartition de la ressource en eau

UNE EAU LARGEMENT PRÉSENTE À LA SURFACE DE LA TERRE...

Des quantités amplement suffisantes

● Les 3/4 de la surface terrestre sont recouverts d'eau. Mais la quantité d'eau douce est infime par rapport à la quantité totale d'eau, qui est pour l'essentiel salée. Et les 3/4 de cette eau douce sont inaccessibles à l'homme puisque composés par les glaciers polaires de l'Arctique ou de l'Antarctique.

● Si 1 % seulement du total de la ressource en eau est constitué d'eau douce liquide (rivières, lacs, zones humides, nappes souterraines), les quantités sont largement suffisantes pour alimenter les 6,5 milliards d'humains. En 2000, chaque habitant disposait de 7 300 m^3 d'eau.

Une ressource renouvelable

● En théorie, l'eau est une ressource inépuisable puisque le cycle de l'eau se fait sans perte ni acquisition. Si les besoins en eau n'augmentent pas de manière exponentielle, la ressource restera encore et toujours suffisante.

... ET QUI POURTANT MANQUE À CERTAINS HABITANTS

Une mauvaise répartition dans l'espace et dans le temps...

● Les régions tempérées et intertropicales sont les principales bénéficiaires des précipitations. À l'inverse, les zones arides sont caractérisées par la quasi-absence d'eau, aggravée par la très forte évaporation sous l'effet de la chaleur. Ainsi, certains pays (Russie, Brésil) cumulent les réserves d'eau douce tandis que d'autres en manquent cruellement (« triangle de la soif » reliant Gibraltar, la corne de l'Afrique et le Pakistan).

● La mauvaise répartition des précipitations dans le temps pose également problème, en particulier dans les pays qui subissent des périodes de saison sèche comme dans la zone méditerranéenne ou dans l'Asie des moussons. De grands ouvrages comme les barrages sont alors nécessaires pour stocker l'eau.

... entraînant une mauvaise répartition par habitant

● Certains pays ont des ressources en eau par habitant très faibles et inférieures au seuil minimal fixé par l'ONU (2 000 m^3). C'est le cas de tous les pays de la péninsule Arabique.

● À l'intérieur des pays où la ressource est normalement abondante, de fortes disparités peuvent se rencontrer. C'est le cas aux États-Unis où toute la région de la Californie est en situation de **stress hydrique**.

Les risques de pénurie d'eau dans le monde

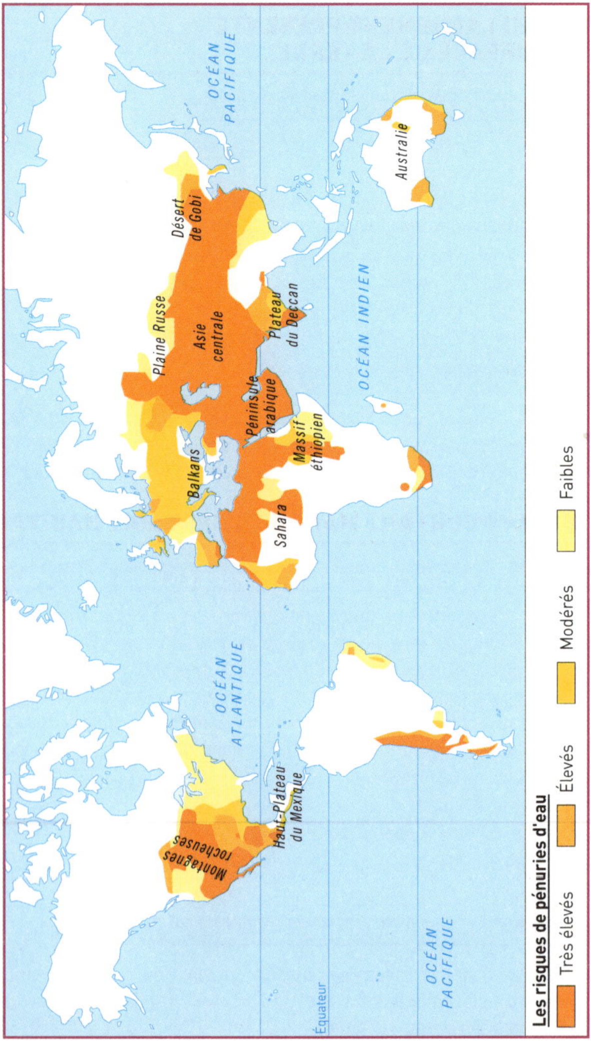

Différents usages de l'eau, toujours plus gourmands

DES BESOINS TOUJOURS PLUS IMPORTANTS

Une croissance exponentielle des besoins

- Depuis le début du XXe siècle, les quantités d'eau utilisées à travers le monde ne cessent d'augmenter et ce, de manière exponentielle. En un siècle, la consommation mondiale d'eau a été multipliée par près de 10, passant de 700 km^3 en 1900 à 5 100 km^3 en 2000.
- L'explosion démographique renforce la pression sur les ressources en eau de la planète. Dans vingt ans, près de 8 milliards d'êtres humains devront se partager les mêmes réserves.

Les différents besoins

- L'eau pour l'agriculture représente plus des 2/3 de l'eau consommée dans le monde. Depuis trente ans, cette utilisation de l'eau a fortement augmenté car les espaces irrigués n'ont cessé de croître.
- L'eau pour les besoins industriels représente environ 1/5e de l'eau consommée. Même si les volumes d'eau utilisés dans ce domaine restent constants, on peut toutefois observer une certaine hausse de la consommation qui s'explique par l'industrialisation tardive des pays du Sud.
- L'eau pour la consommation courante, quant à elle, représente la part restante (moins de 10 %). C'est pourtant l'usage qui connaît la plus forte croissance depuis vingt ans, surtout dans les pays développés.
- L'eau est également utilisée pour la production électrique, soit comme force pour faire tourner les turbines, soit comme élément pour refroidir les turbines des centrales nucléaires.

LES TROIS PRINCIPAUX USAGES DE L'EAU

Une agriculture de plus en plus irriguée

- L'agriculture est la plus grande consommatrice d'eau. Il faut environ 3 000 litres d'eau par personne pour produire une ration alimentaire quotidienne. Aujourd'hui, près de 40 % de l'alimentation mondiale sont produites à partir de l'agriculture irriguée qui n'occupe pourtant que 15 % de la superficie agricole mondiale. L'irrigation s'opère soit par inondation (à l'aide de canaux), soit par aspersion. Elle a ainsi permis de mettre en culture des régions désertiques, comme en Jordanie avec la création de champs circulaires en plein désert, bénéficiant de l'eau en provenance de nappes phréatiques fossiles.

- Mais cette hausse de l'irrigation entraîne des désagréments d'ordre économique (coût de l'irrigation...) et d'ordre écologique (20 % à 60 % de l'eau s'évaporent lors de l'arrosage par aspersion). Pourtant, malgré ces méfaits, l'irrigation devrait encore progresser car, selon l'ONU, la population mondiale aura besoin de 55 % de nourriture supplémentaire en 2030.

Un usage trop souvent oublié : l'eau et l'industrie

- Les consommations industrielles (lavage de minerais, métallurgie, fabrication de métaux comme l'aluminium...) sont importantes et se caractérisent souvent par une forte dégradation de l'eau utilisée.
- Il faut ainsi 10 litres d'eau pour produire un litre d'essence ou 100 000 litres d'eau pour réaliser un kilo d'aluminium. Dans les deux cas, l'eau utilisée est impropre à la consommation et nécessite un traitement coûteux pour la rendre à nouveau potable.

Un usage en très forte croissance : eau et consommation courante

- L'eau est indispensable à la vie. Chaque personne en consomme au minimum 5 litres par jour pour boire et cuisiner.
- Dans les pays développés, qui bénéficient tous de l'eau courante, les quantités d'eau à usage domestique sont très importantes. En moyenne, un Européen utilise 300 litres d'eau par jour tandis qu'un Américain en utilise plus de 500.
- Dans les PED, les chiffres sont bien plus restreints, avec de fortes disparités selon les continents. Si, en moyenne, les habitants de l'Asie ou de l'Amérique latine utilisent environ 75 litres d'eau par jour et par personne, les Africains doivent se contenter de 25 litres par jour et par personne seulement. En réalité, seuls les quartiers modernes et aisés des villes africaines ont accès à l'eau courante et potable. Au Mali, par exemple, moins de 50 % de la population bénéficient d'un accès à l'eau potable, soit au moins 20 litres d'eau saine par personne et par jour, à moins d'un kilomètre.
- La collecte, la distribution et le retraitement de l'eau ont un coût sans cesse accru. Aussi les grandes **FMN** spécialisées dans la gestion de l'eau, comme Suez-Lyonnaise des eaux, ne desservent que les secteurs rentables et ignorent la majeure partie des populations des PED.

Comment préserver la ressource en eau ?

ASSURER L'APPROVISIONNEMENT COÛTE QUE COÛTE

Comment se procurer de l'eau ?

● L'essentiel de la consommation courante est assuré par prélèvement dans les fleuves, les rivières, ou les nappes phréatiques de surface, alimentées par l'infiltration des eaux pluviales.

● Dans certains pays, ces prélèvements classiques ne peuvent avoir lieu à cause de la faiblesse ou de l'absence de réseau hydrographique. On a alors recours à d'autres techniques beaucoup plus onéreuses et complexes : soit le pompage de nappes phréatiques fossiles très profondes ; soit le dessalement de l'eau de mer dans des usines spécialisées, comme celles qui se sont développées dans le golfe Persique ou en Espagne ; soit le transfert de l'eau, comme dans le Sud-Ouest des États-Unis où les eaux du Colorado sont utilisées pour alimenter la ville de Los Angeles.

Le cas des pays sans ressources hydriques

● Dans ces pays se posent à la fois le problème de l'alimentation en eau des populations et celui de l'agriculture afin d'assurer leur autosuffisance alimentaire. Les choix en matière d'utilisation de la ressource sont souvent contraints et ne concernent que le court ou le moyen terme. Ainsi, en Libye, les autorités sont obligées de pomper de l'eau fossile qui ne pourra pas se reconstituer dans un futur proche. Si bien qu'à leur rythme de consommation annuelle, ces pays se retrouveront sans eau dans une cinquantaine d'années...

● De plus, pour ces pays qui appartiennent souvent aux PED, ce mode d'alimentation en eau est extrêmement coûteux et peut constituer un frein au développement.

UNE GESTION DURABLE DE LA RESSOURCE

Éviter les problèmes de pollution

● L'utilisation de l'eau conduit, soit à son évaporation, soit à sa restitution sous forme d'eau usée dont la qualité première est fortement altérée. C'est le cas des pollutions engendrées par les agricultures intensives (pollution aux nitrates en Bretagne) ou de la pollution des fleuves qui s'intensifie de l'amont vers l'aval, avec les rejets successifs des grandes unités urbaines et des usines.

● La pollution de l'eau provoque un problème de taille : l'eau polluée n'est plus consommable en théorie par la population, sauf si elle est traitée à nouveau. Or, dans les pays développés, même si la récupération des eaux usées et leur traitement sont régis par des lois, les stations d'épuration ne couvrent pas tous les territoires (50 % de la population en France seulement).

● Dans les PED, la situation est bien pire puisque près de 2 milliards de personnes ne bénéficient pas d'un réseau d'assainissement. Près de 80 % des maladies frappant les habitants des pays du Sud sont dues à des eaux impropres à la consommation, et provoquent chaque année la mort de 10 millions de personnes.

Éviter l'épuisement de la ressource

● L'accroissement de la population et l'augmentation des besoins en eau pour l'agriculture ou l'industrie font craindre une pénurie d'eau dans le futur. Les réserves mondiales par habitant ne cessent de diminuer depuis un demi-siècle. Elles s'élevaient en 1950 à 16 800 m^3 et ne devraient pas dépasser en 2025, 4 800 m^3.

● Dans certains lieux, l'utilisation de l'eau a été telle que la ressource disparaît de manière irréversible, entraînant la disparition d'**écosystèmes** entiers. C'est le cas aussi bien dans les pays développés, avec la disparition de la mer d'Aral dans les ex-Républiques soviétiques, que dans les PED, avec le recul de la superficie du lac Tchad en Afrique.

Changer les habitudes

● Plusieurs pistes sont envisagées pour tenter de mieux gérer la ressource. Les réalisations de très grands ouvrages pour contrôler l'eau ou les transferts d'eau sont de plus en plus contestées. Les efforts portent désormais dans deux directions :

– modifier les habitudes des consommateurs pour éviter le gaspillage de l'eau. Par exemple, inciter les agriculteurs à privilégier l'irrigation au goutte-à-goutte par rapport à l'irrigation par aspersion ;

– lutter contre la pollution en améliorant la qualité des eaux des fleuves et des rivières. L'Inde, par exemple, a entrepris un programme de restitution de la qualité des eaux du Gange, seule source d'alimentation des populations riveraines.

● Seule une gestion efficace de la ressource permettra aux hommes d'éviter une catastrophe majeure et de mettre en place un **développement durable** de l'or bleu.

Les guerres de l'eau dans le monde

DES TENSIONS ENTRE USAGERS

Des besoins accrus qui engendrent une concurrence exacerbée

● L'augmentation de la consommation et des pollutions avive les tensions entre les différents usagers de l'eau.

● Les tensions entre villes et campagnes sont les plus fréquentes. Dans l'Ouest des États-Unis, l'agriculture irriguée souffre des prélèvements croissants pour répondre aux besoins de villes comme Phœnix.

● Se développent également des tensions entre agriculteurs et touristes. Ainsi, en Bretagne, l'agriculture productiviste pollue les eaux côtières et entraîne l'été le développement d'algues vertes peu propices à la baignade.

● Parfois, des conflits peuvent opposer des régions entières : entre régions déficitaires et régions excédentaires, par exemple, les premières accusant les secondes de diminuer la quantité et la qualité de l'eau qu'elles leur transmettent.

Des tensions parfois dramatiques

● Ces tensions peuvent déboucher sur un risque de pénurie d'eau lorsque les différents partis ne parviennent pas à s'entendre. C'est le cas dans l'île de Naxos, en Grèce, où les nappes phréatiques sont en cours de salinisation, car les différents usagers n'ont pas pu trouver un terrain d'entente, ce qui a provoqué une surconsommation de la ressource.

● L'eau devient un enjeu politique, et les pouvoirs publics doivent organiser des répartitions d'eau par activité, en essayant de répondre le plus équitablement possible aux besoins des uns et des autres.

L'EAU, UNE VÉRITABLE ARME DE DOMINATION

L'eau, enjeu de pouvoir

● Parce qu'elle est indispensable à la vie, l'eau est souvent en jeu lors des conflits armés : la destruction des ressources en eau et des équipements liés à l'eau a de tous temps été utilisée comme une arme brandie contre l'ennemi.

● Très souvent, les armées détruisent les stocks d'eau ou les rendent inutilisables pour les populations. Au Kosovo, par exemple, en 1999, les points d'eau et les puits ont été contaminés par les Serbes.

La multiplication des conflits interétatiques

● Comme la plupart des grands fleuves sont transfrontaliers, les habitants doivent s'entendre pour partager la ressource. Or, des désaccords sur cette répartition déclenchent de nombreux conflits. L'eau devient un instrument de pouvoir aux mains des pays situés en amont des cours d'eau qui peuvent en maîtriser le débit, comme cela se passe entre la Turquie et l'Irak.

● Certains conflits sont plus complexes. L'exemple par excellence de ces régions hydro-conflictuelles est le Proche-Orient. La situation géopolitique et l'inégale répartition des ressources en eau sont à l'origine de concurrences et de conflits entre les États de la région et les populations. La question de l'eau s'avère être un enjeu crucial dans la marche vers la paix.

UN CADRE JURIDIQUE INTERNATIONAL ENCORE INADAPTÉ

Des populations peu protégées par le droit international

● Les populations civiles sont les premières à souffrir des bouleversements des systèmes d'approvisionnement en eau, et parfois, la soif s'est avérée encore plus meurtrière que les canons.

● Le droit international humanitaire n'inclut aucune disposition législative concernant les ressources en eau. Cependant, depuis 1977, deux protocoles internationaux ont été édictés en rapport avec la protection des ressources en eau. Le Protocole I interdit, « quel que soit le motif », d'attaquer, de détruire, d'enlever « des biens indispensables à la survie » de la population civile, tels que « les installations et réserves d'eau potable et les ouvrages d'irrigation ».

● Ces mesures ne sont malheureusement pas toujours respectées, en particulier dans le cas de conflits intra-étatiques.

Vers une gestion planétaire de la ressource ?

● En novembre 2002, l'eau a été reconnue comme l'un des droits de l'homme fondamentaux dans l'Observation générale sur le droit à l'eau, adoptée par le pacte relatif aux droits économiques et culturels. Les 145 pays signataires du pacte sont désormais tenus de faire en sorte que, progressivement, l'ensemble de leurs populations aient, en temps de paix, un accès équitable, sans discrimination, à une eau potable pure et salubre.

● Cette initiative démontre le souhait de contrôler plus démocratiquement l'eau et sa gestion à l'échelle internationale afin de promouvoir une gestion durable de la ressource.

Le fait urbain dans le monde

TOUJOURS PLUS D'URBAINS

Un taux d'urbanisation toujours croissant

- Aujourd'hui, un habitant de la planète sur deux vit en ville, contre 16 % seulement en 1900. L'urbanisation est devenue un fait majeur au cours du XXe siècle. Cette explosion urbaine va se poursuivre : l'ONU annonce dans ses projections plus de 60 % d'urbains pour 2025.

Des pays développés très urbanisés

- Les pays du Nord sont caractérisés par leur part de population urbaine presque toujours supérieure à 80 %. Ils ont achevé leur **transition urbaine** depuis longtemps. Aujourd'hui, la croissance urbaine s'est fortement ralentie car les campagnes se sont vidées et l'**accroissement naturel** est faible.

Des PED en pleine « transition urbaine »

- Les pays du Sud, même s'ils sont caractérisés par une part de population urbaine assez faible, connaissent une croissance extrêmement rapide (entre 2 et 3 % par an). C'est d'ailleurs l'urbanisation rapide du Sud qui explique l'explosion urbaine. Cette croissance fulgurante s'explique par deux phénomènes : un **exode rural** massif de populations souvent jeunes et une forte natalité urbaine.

DES VILLES GÉANTES DE PLUS EN PLUS NOMBREUSES

Des espaces urbains en expansion

- Des agglomérations gigantesques de plusieurs millions d'habitants se développent. L'ONU a donné le nom de « mégapoles » à celles qui dépassent 8 millions d'habitants. Dans certains espaces, la croissance urbaine est telle que des villes autrefois éloignées se retrouvent dans un seul et même ensemble urbain, appelé « conurbation », comme le long du Rhin en Allemagne.

Un basculement du Nord vers le Sud

- Alors qu'on comptait 80 villes mondiales de plus d'un million d'habitants, concentrées essentiellement dans le Nord au milieu du XXe siècle, il y en a désormais plus de 500. Elles sont aujourd'hui majoritairement situées dans le Sud. Parmi les 10 plus grandes villes du monde, Tokyo (35 millions d'habitants) est la seule ville d'un pays développé.

Les mégapoles dans le monde

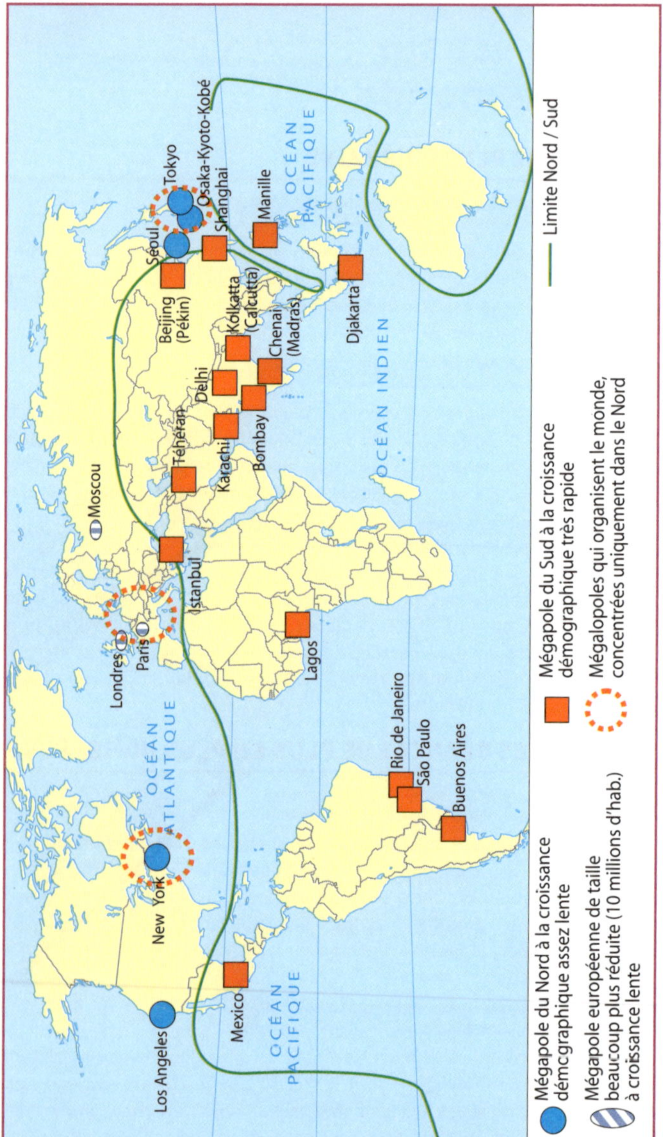

Les villes, organisatrices de l'espace mondial

LA NOTION DE MÉTROPOLE

Un espace polarisateur

● Si une mégapole est toujours une métropole, la réciproque n'est pas vraie. Dans le cas d'une métropole, ce n'est pas le critère démographique qui compte. Littéralement, une métropole est une « ville mère », c'est-à-dire une ville qui domine un territoire sous influence plus ou moins étendu. On parle alors d'« espace polarisé ».

● Les principales différences entre une ville et une métropole se trouvent dans le cumul des fonctions stratégiques (services, finances, culture, politique…) et dans l'accessibilité, c'est-à-dire la facilité à accéder à un territoire, *via* les différents moyens de transport.

Une notion multiscalaire

● Selon le niveau et la nature des pouvoirs concentrés dans une métropole, celle-ci va exercer son influence à une échelle plus ou moins large :

– au sommet de la hiérarchie urbaine, les métropoles mondiales : elles sont dominées par 4 **villes globales** (New York, Tokyo, Londres et Paris) ;

– les métropoles nationales : elles correspondent souvent aux capitales des pays et ne jouent pas nécessairement un rôle mondial ;

– enfin, les métropoles régionales : elles ont un rayon d'influence beaucoup plus limité, comme les préfectures régionales en France.

● Dans certains cas, des villes présentent l'originalité de combiner les trois échelles. Ainsi, Paris est à la fois une métropole régionale (Île-de-France), nationale (France) et mondiale.

POURQUOI CERTAINES VILLES ORGANISENT-ELLES L'ESPACE MONDIAL ?

Des lieux de pouvoir

● Les plus grandes villes du monde concentrent différents types de pouvoirs qui leur confèrent une influence sur l'organisation des espaces environnants ou lointains. La concentration de sièges sociaux de **FMN**, la présence d'une Bourse d'envergure mondiale, de sièges d'organisations internationales (ONU à New York, UNESCO à Paris…), la concentration de lieux politiques forts et le dynamisme culturel sont autant d'éléments que doit posséder une métropole pour avoir une envergure mondiale.

- Le cumul de ces pouvoirs entraîne une production de richesse sans équivalent qui fait que certaines métropoles mondiales ont un PUB (produit urbain brut) supérieur à celui de certains États, même développés. Ainsi, le PUB de Tokyo dépasse le **PIB** français.

Les mégalopoles au cœur du système monde

- On trouve dans le monde trois espaces urbains exceptionnels, qui se sont formés autour de trois villes globales (Paris n'en fait pas partie) : la mégalopolis américaine, la dorsale européenne et la mégalopole japonaise.
- Il s'agit de vastes territoires urbanisés composés de grandes agglomérations qui s'étalent sur plusieurs centaines de kilomètres et qui constituent un centre de décision politique, économique et culturel à l'échelle mondiale. Ces régions urbaines sont extrêmement attractives et constituent donc les centres d'impulsion de l'espace mondial.

UNE CONCURRENCE ACCRUE ENTRE LES MÉTROPOLES À TOUTES LES ÉCHELLES

À l'échelle mondiale

- Toutes les métropoles mondiales rivalisent les unes avec les autres pour tenter d'être toujours plus attractives et de compter à l'échelle planétaire. L'enjeu est tel que les États interviennent souvent pour soutenir ces « villes vitrines ». La compétition entre les villes pour accueillir les Jeux olympiques, comme celle qui opposa Paris à Londres pour les JO de 2012, est un exemple parmi d'autres de la lutte entre les métropoles.
- Cette concurrence entraîne une hiérarchie urbaine planétaire, dominée par les villes du Nord. Les très grandes villes du Sud sont souvent qualifiées de « villes relais », qui servent d'espace de diffusion à la mondialisation.

Aux échelles nationale ou régionale

- À ce niveau aussi, les villes entrent en opposition pour tenter d'attirer à elles les entreprises, les services administratifs ou les réseaux de transport. Ainsi, lors de la réalisation des réseaux TGV, les villes se portent candidates pour obtenir le droit de posséder une gare TGV, gage de prospérité et d'attractivité pour les métropoles. Être écartées du projet est une véritable catastrophe pour ces villes car, non desservies par l'infrastructure, elles se retrouvent déconnectées du réseau et sont touchées par le phénomène de l'effet tunnel.

L'organisation et l'évolution des espaces urbains

UNE VILLE OU DES VILLES ?

Deux villes distinctes

- Louis-Ferdinand Céline, dans *Voyage au bout de la nuit* (1932), écrit : « Figurez-vous qu'elle était debout cette ville, absolument droite. New York, c'est une ville debout ! » Cette réalité géographique s'applique seulement au centre-ville, et, notamment, le centre des affaires ou CBD (*Central Business District*). Il s'agit d'une ville verticale composée de gratte-ciel.
- Toutes les villes du monde ont aujourd'hui adopté cette composante, même dans des pays où la verticalité n'était pas de mise comme en Asie.
- Ce centre-ville vertical côtoie une ville horizontale, beaucoup plus basse, composée des banlieues et des **espaces périurbains**.

La spécialisation des territoires urbains

- Le centre-ville conserve ses fonctions de prestige (commerce de luxe, sièges sociaux des entreprises (restauration, culture), tandis que la périphérie abrite plutôt les fonctions industrielles et d'habitation. Cela s'explique par des raisons de coûts : plus on s'éloigne du centre, plus le prix des terrains décroît.
- Si le centre-ville reste l'espace qui symbolise une ville, qui lui donne sa « personnalité », les périphéries, elles, tendent à se banaliser et à toutes se ressembler : zones commerciales, **technopôles**, quartiers pavillonnaires s'étendant à perte de vue.

UN MODÈLE CENTRE-PÉRIPHÉRIE

Des centres entre crise et renouveau

- Dans les années 1970-1980, les centres-villes des métropoles du Nord ont traversé une crise identitaire. Elle s'est notamment manifestée par le départ des classes aisées vers la périphérie. Pour rendre les centres à nouveau attractifs, les municipalités ont lancé de gigantesques chantiers de rénovation ou de réhabilitation pour réintroduire dans ces quartiers des fonctions commerciales, culturelles et d'habitats, qui avaient disparu.
- Dans les PED, le processus s'accompagne en plus du développement de quartiers d'affaires, comme Pudong à Shanghai.

Des périphéries qui s'étalent et se diversifient

● Le fait majeur des dernières décennies est l'extension spatiale des périphéries urbaines. Elles deviennent des espaces clés au sein des villes, car elles accueillent des activités fortes consommatrices d'espace (aéroport, gare, zones industrielles).

● Ces espaces ne sont plus désormais de simples zones résidentielles, souvent très contrastées socialement. Ils se diversifient avec la présence de grandes zones commerciales ou de technopôles formant parfois de nouveaux espaces centraux appelés les ***edge cities***. Se créent ainsi de nouvelles centralités qui viennent concurrencer le centre-ville traditionnel.

L'exemple de l'évolution urbaine d'une métropole européenne

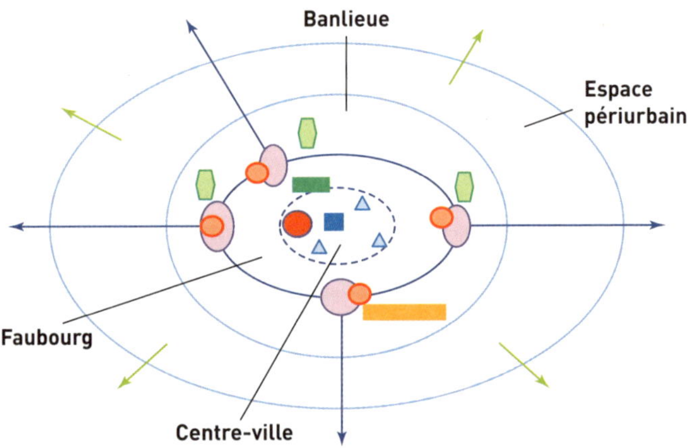

I – L'organisation de la ville

- Grandes voies de communication (autoroutes)
- Couronnes urbaines
- Périphérique
- Ceinture des boulevards
- Hôtel de ville
- Gare (installée au XIXe siècle à la périphérie de la ville)
- Zones commerciales et industrielles
- Quartier des affaires (*CBD*)

II – Les nouvelles dynamiques

- Extension horizontale de la ville
- Aéroport (infrastructure dévoreuse d'espace)
- Nouveaux centres périphériques (*edge cities*) alliant zone commerciale et technopôle
- Quartiers résidentiels fermés réservés aux riches (***gated communities***)
- Processus de gentrification (retour des populations aisées) à la suite d'opérations de rénovation et de réhabilitation

Les risques urbains

UN ENVIRONNEMENT PARFOIS HOSTILE

Les problèmes propres à la ville

● Au moins cinq maux principaux touchent les grandes métropoles du monde :

– la **circulation** : la congestion automobile concerne toutes les métropoles et s'accroît avec la superficie des villes, qui augmente les distances domicile-travail des navetteurs (qui effectuent quotidiennement ce trajet matin et soir). La multiplication d'infrastructures de transport, pour tenter de fluidifier la circulation, défigure souvent le paysage urbain, comme les autoroutes aériennes. Cette situation provoque également une forte augmentation de la pollution ;

– la crise du **logement** : les municipalités ont du mal à proposer une offre suffisante pour loger les nouveaux arrivants. Ces derniers se débrouillent donc comme ils peuvent, surtout dans les villes des pays du Sud, en construisant sur des terrains à risques, sans permis, et de manière anarchique. C'est ainsi que se multiplient les quartiers d'habitats précaires ou autres bidonvilles ;

– les problèmes d'**hygiène** : on les rencontre plutôt dans les villes des pays du Sud. Les bidonvilles ne sont pas approvisionnés en eau et électricité, ce qui entraîne de nombreux branchements pirates. De plus, le traitement des eaux usées et la collecte des déchets laissent souvent à désirer. À Lagos, par exemple, au Nigeria, les eaux usées se déversent directement dans les rues et dans les rivières, provoquant notamment des épidémies de choléra, et la collecte des déchets n'a lieu que le dernier samedi du mois ;

– le problème du **travail** dans les villes du Sud : dans ces métropoles, deux secteurs d'activité coexistent, une économie officielle (emplois stables, surtout dans la fonction publique), qui ne concerne qu'une minorité de la population, souvent aisée, et un secteur informel, parfois très important car il permet à un grand nombre de citadins en situation de précarité de subsister ;

– la **violence** : elle s'explique souvent dans les villes par l'extrême précarité d'une frange de la population obligée d'utiliser la violence pour survivre, et par la ségrégation sociospatiale qui exacerbe les tensions entre classes sociales. Les émeutes des banlieues en France en 2005 en sont un exemple éloquent.

L'aggravation des risques dans les espaces urbains

- Les risques technologiques sont aujourd'hui aggravés car, à la suite du mitage urbain, toutes les usines à risques se retrouvent insérées dans le tissu urbain. La destruction de l'usine AZF à Toulouse, en 2001, qui a fait 30 victimes, montre bien la dangerosité du risque technologique en milieu urbain.
- Les risques naturels aussi sont exacerbés. Les inondations, comme celle de la Nouvelle-Orléans en juin 2006, un an après la passage du cyclone Katrina, sont systématiquement plus violentes en ville car les sols goudronnés ou bétonnés ne permettent pas à l'eau de s'évacuer rapidement.
- Dans les villes du Sud, ces risques menacent surtout les populations pauvres qui sont contraintes de s'installer dans des espaces à risque. Ainsi, à Rio de Janeiro, les *favelas* sont construites sur les pentes des collines environnantes et soumises à des coulées de boue dévastatrices qui emportent souvent des pans entiers de quartiers et leurs habitants.

VERS UNE GESTION DURABLE DES TRÈS GRANDES VILLES ?

Des initiatives locales ou mondiales

- Quantité d'initiatives locales sont prises pour lutter contre la pollution et l'étalement urbain. En matière de lutte contre la circulation et la pollution, Londres, par exemple, a mis en place un péage urbain dans le centre-ville.
- Le développement des transports en commun sur des voies réservées, de pistes cyclables, la location gratuite de vélos, comme à Paris, sont autant d'initiatives qui permettent aux villes de diminuer la pollution atmosphérique.
- La multiplication des espaces verts, le maintien d'une ceinture verte autour des villes, comme à Londres, montrent également la volonté des municipalités de lutter contre la dégradation des paysages et contre le mitage urbain.

Comment concilier croissance urbaine et développement durable ?

- Cette question n'a pas vraiment de réponse à l'heure actuelle. En effet, les grandes métropoles doivent à tout prix concilier attractivité de leurs espaces et **développement durable**. Allier ces deux éléments s'apparente à un véritable dilemme.
- La multiplication des initiatives locales ou mondiales montre bien, pourtant, qu'il est nécessaire de repenser globalement la ville afin de la préserver et de la garder « vivable » pour les générations futures.

Connaître et prévenir le risque

QU'EST-CE QUE LE RISQUE ?

Comprendre la notion de risque

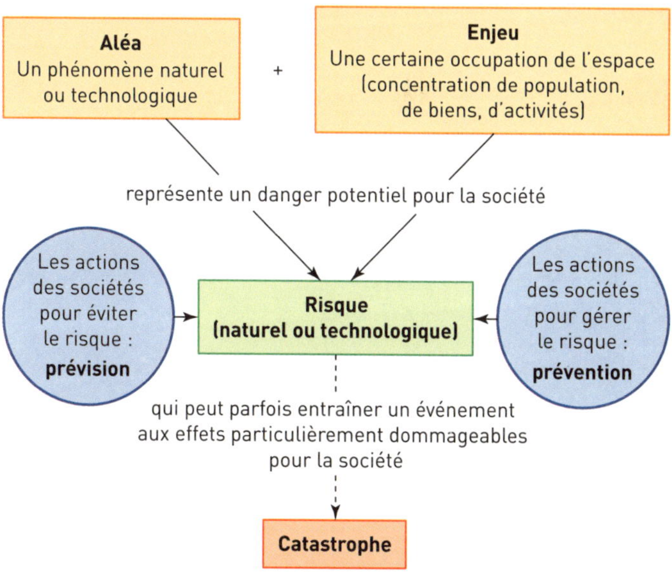

L'évolution de la représentation du risque et de la catastrophe

- Au cours de l'histoire, la perception du risque par les hommes a nettement évolué et continue encore de se modifier aujourd'hui.
- Au Moyen Âge, la catastrophe était interprétée comme une punition divine ou diabolique. Il n'y avait donc pas lieu de se révolter ou d'essayer de faire des aménagements pour s'en prémunir. Dans ce cas, le risque était subi.
- À partir du XVIIIe siècle, la perception du risque change avec les philosophes des Lumières. Pour eux, la nature n'est pas la seule responsable. Ils affirment que les hommes ont leur part de responsabilité du fait de leurs aménagements. Par-là même, ils doivent pouvoir agir pour se protéger.

● Aujourd'hui, dans les pays développés, le risque est étudié, analysé, mesuré. Les habitants vivent avec le risque, mais la catastrophe, elle, est considérée comme inacceptable. Il faut donc tout mettre en œuvre pour limiter les risques au maximum et protéger au mieux les populations.

COMMENT LUTTER CONTRE LE RISQUE ?

La difficile prévision des risques « naturels »

● L'aléa naturel est un phénomène souvent difficile à prévoir. Avec les technologies modernes, il est désormais possible de savoir avec une quasi-certitude le trajet des cyclones, le moment et le lieu d'une éruption volcanique ou bien encore la formation d'un raz-de-marée.

● Mais ces prévisions ne peuvent pas s'effectuer partout car les appareils de mesure coûtent extrêmement cher. Ainsi, si un système de surveillance pour les tsunamis existe dans le Pacifique (installé à Hawaii), il n'y en a pas dans l'océan Indien, ce qui a empêché la prévision du tsunami qui, en décembre 2005, a dévasté les côtes asiatiques et africaines.

● À l'heure actuelle, seuls les séismes ne peuvent pas être prévus.

Multiplier la prévention

● La prévention correspond à l'ensemble des dispositions visant à annuler le risque ou à réduire les impacts d'un aléa.

● Trois orientations sont généralement privilégiées. Il s'agit d'établir, d'abord, des plans d'urgence, d'évacuation et de secours (plan rouge en France), puis d'informer les populations concernées (carte de vigilance météorologique par exemple), de les éduquer au risque (obligation légale en France, renforcée par la loi Bachelot de 2003) et, enfin, de limiter les enjeux, en réduisant par exemple l'urbanisation dans les espaces à risque (**PPR** depuis 1995 en France).

● Mais la gestion du risque coûte cher. Elle n'est donc pas une priorité dans tous les pays. Il faut une volonté politique forte pour gérer le risque efficacement, comme au Japon, qui a développé une véritable « culture du risque ». Si les pays développés multiplient de plus en plus les initiatives en ce sens, les PED, pour des raisons économiques, ne considèrent pas les mesures de prévention et de prévision comme des priorités.

Des risques naturels... pas si naturels

LES ESPACES À RISQUES DANS LE MONDE

Où se trouvent les principaux espaces à risques ?

● Toute la planète n'est pas soumise à des risques naturels. Certaines régions sont plus exposées que d'autres. Ainsi, trois grandes régions cumulent les principaux risques naturels :

– la « ceinture de feu » du Pacifique, qui conjugue séismicité et volcanisme. Elle comprend la mégalopole japonaise, l'Indonésie, la Malaisie, les Philippines, ensemble d'îles très peuplées, et la façade du continent américain (Californie, Andes) ;

– la Méditerranée (risque sismique et inondations brutales) ;

– les régions tropicales, situées sur la trajectoire des cyclones.

● À l'échelle des pays, certains reliefs favorisent l'apparition du risque. Les vallées des grands fleuves sont concernées par les risques d'inondation comme la Loire en France, le Nil en Égypte ou le Chang Jiang en Chine. Les régions montagneuses sont concernées par les risques d'avalanches lorsque le manteau neigeux est instable.

● Au final, plus d'un tiers de la population mondiale vit dans des espaces exposés à des risques naturels.

Comment expliquer cette répartition ?

● Cette répartition des régions à risque dans le monde n'est pas aléatoire, mais correspond au fonctionnement tectonique et climatique de la planète.

● Les séismes et les éruptions volcaniques se produisent dans des zones de contact entre plaques tectoniques. Ainsi, le tsunami de décembre 2005, qui a touché l'Asie, a été provoqué par un séisme qui a eu lieu après l'enfoncement de la plaque indo-australienne sous la plaque eurasienne (phénomène de subduction).

● Les cyclones tropicaux, quant à eux, ont une trajectoire toujours identique et se déplacent systématiquement d'est en ouest, ne touchant ainsi que les côtes orientales des continents (Afrique australe, Asie ou Amérique centrale).

● Les inondations ont généralement lieu à proximité des grands fleuves ou des fleuves côtiers et dans des zones basses, comme au Bangladesh. Le climat contribue à provoquer les inondations.

LA RESPONSABILITÉ DES SOCIÉTÉS

Les hommes et le risque naturel

- Le risque est la rencontre d'un aléa et d'un enjeu, c'est-à-dire d'un phénomène naturel probable et d'installations humaines, comme les villes.
- Ce n'est donc que par rapport aux hommes que la probabilité d'occurrence d'un phénomène naturel devient un risque. Si une éruption volcanique ou un séisme ont lieu dans des espaces déserts, il n'y a pas de risque, puisqu'il n'y a personne. Ainsi, beaucoup de phénomènes naturels ne sont pas ressentis par les hommes comme des risques.
- Il n'y a risque que lorsque les sociétés sont menacées.

Pourquoi les hommes s'installent-ils dans des espaces à risques ?

- Souvent, lorsqu'il n'y a pas eu de catastrophe depuis longtemps, les hommes oublient le risque. Quand les catastrophes sont anciennes et leur fréquence espacée dans le temps, les sociétés n'en ont plus la mémoire et s'installent dans des espaces à risques. Sur la Loire, par exemple, les dernières inondations catastrophiques remontent au XIXe siècle ; beaucoup de gens ne les connaissent pas et pensent que le risque n'existe pas.
- Les hommes ont tendance à croire que le risque disparaît grâce aux aménagements effectués (digues...). Pourtant, ces aménagements peuvent parfois céder.
- L'installation des hommes peut résulter d'un choix volontaire de s'exposer au risque, pour tirer parti des avantages du terrain. C'est le cas notamment des terres agricoles fertiles sur les pentes des volcans.
- Mais parfois, cette installation est contrainte. La plupart des bidonvilles des grandes villes du Sud sont implantés dans des espaces à risques car ce sont les seuls espaces disponibles pour les populations pauvres qui viennent s'installer dans ces villes.

Des risques aggravés par les hommes

- Les sociétés, par leurs pratiques, sont directement responsables de l'aggravation des risques dits « naturels », qui sont en fait largement artificiels, puisque créés ou aggravés par les hommes.
- L'essor des espaces goudronnés en ville, la disparition des haies et des fossés dans les campagnes pour agrandir la taille des parcelles cultivables en milieu rural, aggravent, par exemple, les inondations. Finalement, seul l'aléa est naturel...

Des risques technologiques en augmentation

LES ESPACES À RISQUES

Une localisation étroitement liée à celle des activités dangereuses

- Les activités à risques sont les activités industrielles (en particulier chimiques), le transport de matières dangereuses et le stockage de certains produits (céréales, pétrole, produits chimiques et radioactifs).
- Les principaux espaces concernés par les risques technologiques dans le monde sont donc les zones industrielles, les ports et les grands axes de circulation (vallée de la Seine, la région Nord-Pas-de-Calais et l'axe rhodanien pour la France).
- Or, ces activités et leurs équipements sont très souvent situés en ville. Les espaces urbains sont donc particulièrement exposés à ce type de risque et plus particulièrement les grandes conurbations comme les mégalopoles. Le risque technologique y est d'autant plus fort que les activités dangereuses se retrouvent insérées dans le tissu urbain.
- En effet, l'urbanisation des territoires périphériques a eu lieu dans les années 1950-1960, alors que la population n'avait pas conscience des risques et que les prix des terrains dans ces espaces étaient relativement bas.

Les pays du Nord comme du Sud sont concernés

- Les pays du Nord, très industrialisés, sont tous exposés à ces risques technologiques. Mais, dans ces espaces, les contrôles ainsi que les législations pour minimiser le risque sont très nombreux, comme dans la mégalopole japonaise.
- Les pays du Sud encourent aussi ce type de risque puisqu'ils sont en voie d'industrialisation. Chez eux, le risque est d'autant plus élevé que les contrôles et les législations sont souvent inexistants ou peu efficaces. De plus, les pays du Nord ont tendance à délocaliser dans ces régions leurs usines les plus polluantes.
- La catastrophe de Bhopal, en Inde, en 1984, en est un exemple frappant : une usine chimique américaine, dont les écologistes ne voulaient pas aux États-Unis car ils la jugeaient trop polluante et qu'elle risquait d'exploser, explosa effectivement aux abords de la ville de Bhopal, produisant un nuage toxique qui fit 7 000 morts et 50 000 blessés. Aujourd'hui encore, des gens sont atteints de maladies et meurent des suites de cette catastrophe...

● Même si le risque existe, le nombre de catastrophes technologiques n'en demeure pas moins limité dans le monde. En effet, depuis 1900, moins de 100 catastrophes technologiques ont eu lieu.

QUELLE PRISE EN COMPTE DU RISQUE TECHNOLOGIQUE ?

Les mesures réglementaires

● Dans les pays développés, des lois très strictes ont été mises en place pour limiter le risque. La catastrophe chimique survenue à Seveso (Italie) en 1976 a été le déclencheur de la prise de conscience, en Europe, de l'acuité du risque chimique. Elle a ainsi poussé à l'adoption de mesures législatives pour limiter les risques industriels. Une première directive Seveso a vu le jour en 1982 et une deuxième en 1996 (Seveso II).

● L'objectif de ces mesures réglementaires est global : il s'agit de protéger les populations. Toute une série de mesures précises ont été édictées : identifier le risque (c'est-à-dire les établissements potentiellement dangereux), essayer de maîtriser l'urbanisation (en établissant des périmètres de sécurité autour des usines dangereuses), informer les populations exposées, prévoir des plans d'urgence et d'évacuation qui puissent être mis en place lorsque survient une catastrophe.

● Grâce à cette réglementation, les contrôles pesant sur les activités à risques ont été renforcés. On essaie à la fois de limiter le risque et de prévoir la catastrophe.

Les difficultés de la prévention

● Si une législation existe, elle est souvent difficile à faire appliquer face aux intérêts économiques et financiers qui sont en jeu, aux pressions des industriels, à la poussée urbaine... À Lyon, par exemple, deux catastrophes se sont produites en 1966 et 1987, mais rien n'a changé depuis, et les activités chimiques demeurent menaçantes...

● En France, la catastrophe de l'usine AZF à Toulouse a provoqué une véritable prise de conscience. En effet, depuis 2003, la loi Bachelot sur la prévention des risques naturels et technologiques a renforcé les mesures de prévention et de protection. Trois axes principaux organisent cette loi : développer une culture du risque en France, créer des PPRT (Plans de Prévention des Risques Technologiques) et faciliter les expropriations autour des zones à risques.

Des sociétés inégales face aux risques

UNE VULNÉRABILITÉ AUX RISQUES TRÈS DIFFÉRENTE

Des bilans humains toujours dramatiques dans les PED

● Depuis les années 1990, on assiste à une forte augmentation des catastrophes naturelles d'origine climatique dans le monde (inondations, orages tropicaux, sécheresses). Selon la Croix-Rouge, chaque année depuis 1990, plus de 200 millions de personnes ont été touchées par des fléaux naturels ou des accidents technologiques et plus de 60 000 personnes ont été tuées. Or, ce sont les sociétés pauvres des pays du Sud qui sont les plus vulnérables aux différents risques car les catastrophes sont amplifiées par les épidémies ou les crises alimentaires qui s'ensuivent.

● Au cours du XXe siècle, 6 millions de personnes au Sud ont perdu la vie à la suite d'une catastrophe naturelle, mais seulement 350 000 dans les pays développés du Nord : l'inégalité Nord/Sud est d'autant plus flagrante que les pays qui ont le plus été touchés par les catastrophes d'origine naturelle sur la période sont les États-Unis et l'Australie.

● Depuis 1990, chaque catastrophe naturelle a fait 51 morts en moyenne dans les pays à **IDH** élevé contre 589 dans les pays à IDH faible.

Des catastrophes extrêmement coûteuses dans les pays développés

● Au sein des pays du Nord qui ont la possibilité de prévenir les risques, et parfois d'en être avertis, les dommages sont surtout matériels. Dans ce cas, les catastrophes coûtent très cher. Ainsi le passage du cyclone Katrina en 2005 a coûté aux États-Unis plus de 125 milliards de dollars. Mais le développement des assurances permet de rembourser de mieux en mieux les dommages et d'atténuer un peu la détresse des personnes.

● Dans les PED, très peu de biens sont assurés. Ainsi, le tsunami de décembre 2005 en Asie du Sud-Est n'a représenté qu'une goutte d'eau pour les compagnies d'assurances, car seuls les Occidentaux étaient assurés, mais pas les populations locales....

La pauvreté, facteur aggravant face aux risques

● Les populations pauvres sont toujours les plus vulnérables. Elles sont davantage concernées par les problèmes alimentaires, d'hygiène, les maladies infectieuses, les épidémies et les risques naturels car elles se concentrent presque toujours dans des territoires exposés. De plus, elles sont très mal préparées au risque, presque jamais informées par les autorités et très démunies lorsque la catastrophe survient.

● Les catastrophes accentuent la pauvreté dans le monde car les pays touchés connaissent très souvent une chute spectaculaire de leur PIB, ce qui limite leur possibilité de développement. Le séisme qui a eu lieu au Bangladesh en 1991, qui avait provoqué la mort de 185 000 personnes, a, par exemple, engendré des pertes équivalentes à 50 % du PIB national.

LIMITER LES RISQUES À L'ÉCHELLE MONDIALE POUR ANNIHILER LES INÉGALITÉS

Des risques sans frontières

● Force est de constater aujourd'hui que les risques ne s'arrêtent pas aux frontières de chaque pays. Ainsi la catastrophe de Tchernobyl ne s'est-elle pas circonscrite à l'Ukraine. Le nuage radioactif s'est propagé à travers toute l'Europe, touchant la France, notamment dans la région des Alpes, et provoquant la multiplication des cancers de la tyroïde. De la même manière, une marée noire, lorsqu'elle survient sur un rivage, peut très bien, par le jeu des courants, souiller les côtes des États voisins.

● Très souvent, les pays du Nord, par leurs agissements, sont à l'origine de risques voire de catastrophes dans les pays du Sud. C'est le cas pour le Mexique, par exemple, qui reçoit les eaux entièrement polluées du Colorado à la sortie des États-Unis.

Vers une gestion mondiale ?

● Les risques sont désormais mondiaux et le réchauffement climatique en est un exemple éloquent. Il apparaît donc nécessaire que l'ensemble de la communauté internationale s'entende pour tenter de limiter ces risques planétaires.

● La gestion du risque doit changer d'échelle, et la multiplication des acteurs tend à complexifier le jeu. Cependant, une entente entre les pays du Nord et du Sud est indispensable pour élaborer une politique mondiale de prévision et de prévention. L'entrée en vigueur du protocole de Kyoto (accord signé en 1997 ayant pour objectif de stabiliser les concentrations de gaz à effet de serre dans l'atmosphère) en 2005 montre l'émergence de cette prise de conscience pour adopter des mesures internationales visant à réduire le risque.

La littoralisation, un phénomène mondial

LES LITTORAUX, DES ESPACES SOUVENT DENSÉMENT PEUPLÉS

Une population concentrée sur les littoraux

- 25 % de la population mondiale vivent à moins de 50 km des côtes. Tous les grands foyers de peuplement ont au moins une façade littorale, souvent très densément peuplée. C'est le cas notamment du littoral chinois qui concentre 1/3 de la population nationale.
- Une telle concentration humaine s'explique avant tout par le pouvoir nourricier des littoraux, qui possèdent de vrais atouts en matière de ressources halieutiques et agricoles. Le littoral est souvent un espace propice à la culture ou à l'élevage, qui permet une productivité accrue (ceinture dorée en Bretagne).

Des mégapoles souvent côtières

- La plupart des mégapoles (12 sur 18) sont situées sur les façades littorales. Dans les pays du Nord, la création de ces villes côtières s'explique par l'histoire commerciale des États qui avaient besoin de ports pour exporter leurs productions, tels ceux de la ligue hanséatique en Europe du Nord au Moyen Âge.
- Dans les pays du Sud ou les pays neufs (États-Unis), les grandes métropoles côtières sont souvent issues de l'histoire coloniale : les grandes villes littorales africaines, comme Dakar, furent créées par les Européens pour pouvoir exporter les matières premières produites dans l'arrière-pays.

Des littoraux qui restent vides

- Une partie des rivages mondiaux restent vides d'hommes. Il s'agit souvent d'espaces insalubres (marécages, lagunes...) ou de littoraux bordant les grands déserts (Nord-Ouest de l'Australie...).

LA CONCENTRATION DES ACTIVITÉS INDUSTRIELLES

Les espaces portuaires, au cœur de l'industrialisation littorale

- La majorité des échanges commerciaux sont réalisés par voie maritime. L'essor du transport maritime s'explique par les progrès techniques réalisés sur les navires (gain de vitesse, augmentation du tonnage transporté...)

qui ont permis d'abaisser considérablement le coût des transports, mais aussi par la spécialisation des bateaux et notamment le développement de la conteneurisation.

● L'essor du transport maritime (4/5es des échanges mondiaux) a entraîné la transformation des infrastructures portuaires qui ont dû s'adapter au gigantisme des navires, comme le projet Le Havre port 2000 pour l'accueil des navires porte-conteneurs.

L'aménagement des zones industrialo-portuaires (ZIP)

● Avec l'essor des échanges internationaux, les industries ont eu tendance à se déplacer de l'intérieur des terres vers les littoraux. Ce fut le cas notamment des industries métallurgiques en France, qui, dans les années 1960, ont quitté la Lorraine pour aller s'installer dans deux zones portuaires : l'une à Dunkerque, l'autre à Fos-sur-Mer près de Marseille.

● Pour accueillir ces industries, les villes portuaires ont dû faire preuve d'innovation et ont construit de gigantesques ZIP. Dans ces espaces se retrouvent toutes sortes d'industries, comme les industries chimiques ou la sidérurgie sur l'eau.

● Les ZIP ont souvent modifié en profondeur le tracé du littoral et l'ont remodelé. Parfois, pour trouver de la place sur ces littoraux saturés, les organismes portuaires ont été obligés de favoriser la construction de terre-pleins, espaces gagnés sur la mer, comme au Japon.

UN ESPACE DÉVOLU AU TOURISME

Un espace hyper attractif

● Depuis les années 1960 et l'essor des congés payés et du tourisme de masse, les littoraux sont devenus des espaces récréatifs pour une partie de la population mondiale. Les plages sableuses, les îlots et les atolls suscitent la convoitise des vacanciers qui, grâce à la mondialisation, peuvent partir sur toute la planète. À l'heure actuelle, les littoraux sont les espaces les plus fréquentés du monde.

Des littoraux de plus en plus artificialisés pour le tourisme

● Pour répondre à cette demande de masse, les rivages ont été profondément transformés. Dans certains cas, ces aménagements ont été réalisés sous le contrôle de l'État, comme en France dans le Languedoc-Roussillon ou dans certains PED pour réaliser de véritables « usines à touristes ».

● Ces transformations touristiques ont entraîné une véritable « bétonnisation » du littoral, comme en Floride ou en Tunisie. Dans ces pays, l'urbanisation littorale s'étend sur plusieurs centaines de kilomètres de long.

Les interfaces maritimes, nouveaux lieux centraux ?

LES LITTORAUX, NOUVEAUX ESPACES DYNAMIQUES

Des interfaces actives

● À travers le monde, les littoraux sont devenus des espaces clés de la mondialisation. Avec l'essor des échanges internationaux, les littoraux constituent des lieux de transit incontournables.

● Toutes les côtes ne sont pas concernées de la même manière. Seuls les ports présentent de véritables portes d'entrée et font fonction d'interfaces.

Comment fonctionne une interface ?

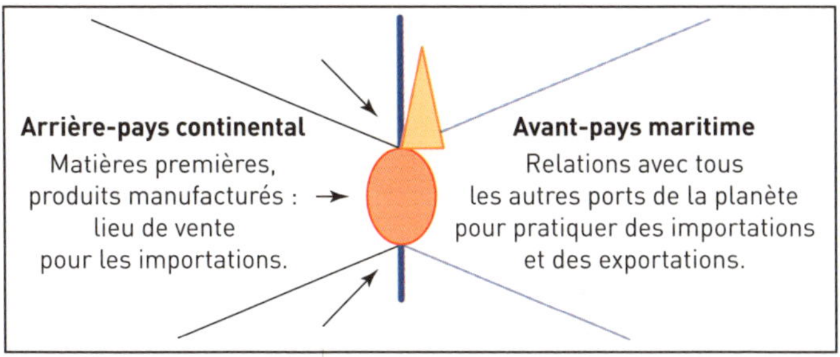

- → Littoralisation des hommes et des activités (tourisme et industrie en particulier)
- ● Ville littorale dynamique et attractive
- △ Espace portuaire développé abritant de nombreuses ZIP

Des interfaces différenciées

● Six façades littorales concentrent les grands flux maritimes et organisent la route de circumnavigation mondiale. Quatre sont situées dans les pays du Nord et plus précisément dans les trois pôles de la **Triade** :

– les deux façades maritimes des États-Unis, autour de New York sur l'Atlantique et de Los Angeles sur le Pacifique ;

– le Northern Range européen, qui s'étend de la Manche, depuis le port du Havre en France, jusqu'à la mer du Nord, au niveau du port de Hambourg ;

– la façade maritime de la mégalopole japonaise autour du triptyque Tokyo, Nagoya et Osaka.

● Deux façades maritimes sont situées dans les pays du Sud mais elles n'ont pas forcément les mêmes fonctions, dans la mesure où elles sont quasi exclusivement tournées vers l'exportation. Il s'agit de :

– l'interface du golfe Persique, lieu clé pour les exportations pétrolières ;

– la façade asiatique autour de la Chine, pour l'exportation de produits manufacturés à faible valeur ajoutée.

● Ailleurs dans le monde, certaines régions peuvent faire office d'interfaces, mais à un degré moindre et surtout de manière plus ponctuelle autour d'un seul grand port. C'est le cas au Brésil avec Santos, port de São Paulo, ou en Côte d'Ivoire avec le port d'Abidjan.

L'ORGANISATION DES INTERFACES LITTORALES

De puissantes façades maritimes...

● La force des grandes interfaces maritimes mondiales réside dans le nombre d'organismes portuaires performants présent dans un espace restreint, comme dans la baie de Tokyo (cinq ports internationaux).

● Pour être compétitive, la façade doit être à la fois très bien reliée à son arrière-pays, par l'intermédiaire d'infrastructures de transport performantes (comme le Rhin, pour la façade du Northern Range), mais aussi à son avant-pays, c'est-à-dire avoir un large éventail de liaisons maritimes avec les autres ports de la planète.

● La plupart du temps, ces façades s'organisent autour de deux ou trois grands ports principaux qui captent la majeure partie des flux mondiaux et les redistribuent ensuite, par l'intermédiaire du cabotage, à des ports plus petits. Ces grands ports, comme celui de Singapour, fonctionnent ainsi comme des **hubs**.

... organisées autour de grandes plates-formes multimodales

● Les ports connectent entre eux tous les moyens de transport. Lorsque les pétroliers ou les méthaniers déchargent leurs cargaisons, celles-ci sont directement évacuées par des conduites (gazoducs ou oléoducs) vers les villes de l'arrière-pays. Les conteneurs sont transportés par camions, par voies ferrées, mais aussi par des barges poussées circulant sur des canaux ou des fleuves, comme en amont de Rotterdam.

● Les ports se modernisent de plus en plus pour accélérer le temps de chargement ou de déchargement des navires par l'intermédiaire de portiques ou par le système du *roll on-roll off*. Gagner du temps lors de la manutention portuaire permet aux ports d'être plus compétitifs, ce qui amène les armateurs à privilégier certains espaces portuaires.

Les littoraux, des espaces de plus en plus menacés

DES MILIEUX FRAGILES

Un milieu physique original...

- Espaces à cheval entre terre et mer, les littoraux sont des **écosystèmes** complexes. La faune et la flore sont adaptées aux embruns salés iodés.
- Quantité de paysages différents composent les côtes, mais ces dernières peuvent généralement être regroupées en deux catégories :

– les côtes basses, souvent sableuses, qui peuvent être parsemées d'étangs maritimes ou de lagunes, comme sur le littoral languedocien en France ;

– les côtes rocheuses, souvent à falaises, comme en Seine-Maritime autour d'Étretat.

- Au débouché des fleuves, se créent également des milieux particuliers avec les zones d'estuaires ou de deltas, lieux d'implantation privilégiés des hommes.

... en constante transformation

- Les mouvements de la houle, des marées et du vent modifient sans cesse l'aspect du littoral. Dans certains cas, celui-ci s'érode sous l'effet de ces facteurs naturels qui arrachent des sédiments des plages ou des falaises. Cette érosion naturelle peut parfois être très rapide (jusqu'à 3 mètres par an en Gironde). À l'inverse, certaines zones abritées, comme au fond des golfes, connaissent un processus d'accumulation grâce à l'apport de sédiments qui permet aux plages de s'agrandir.
- De manière beaucoup plus brutale, certains aléas naturels comme les cyclones ou les tsunamis peuvent totalement modifier le tracé du rivage.

DES ESPACES MENACÉS PAR L'ACTION HUMAINE

Les menaces terrestres

- La « bétonnisation » et l'industrialisation des littoraux entraînent des transformations souvent lourdes de conséquences pour le milieu littoral. La construction de digues, de chenaux pour les navires, de jetées ou de terre-pleins modifient presque toujours les courants marins et provoquent une érosion plus importante des plages. Pour se prémunir contre cette érosion et préserver les sites touristiques, les hommes rendent le littoral toujours plus artificiel en plantant notamment des épis ou en pratiquant des enrochements.

● L'installation massive des hommes et des activités sur les côtes entraîne également une importante pollution des rivages, qui peut parfois prendre une tournure dramatique : développement des phénomènes d'eutrophisation (augmentation des apports en azote et phosphore entraînant la prolifération des plantes et des changements indésirables dans l'écosystème) en baie de Tokyo, ou multiplication des algues vertes issues de la pollution agricole sur les plages bretonnes, par exemple.

Les menaces maritimes

● Les dégazages des navires en haute mer ou les marées noires, comme celle de l'Érika en 1999, souillent également les côtes et provoquent des dégâts considérables sur la faune et la flore.

● Le transport de certaines espèces de plantes, d'algues ou de coquillages sur les coques des navires peut aussi entraîner des catastrophes écologiques, lorsque ces espèces se retrouvent dans un nouveau milieu et le colonisent. Tel fut le cas en Méditerranée avec le développement d'une algue étrangère : la *cauderpa taxifolia*.

● Le réchauffement climatique, en provoquant une montée progressive du niveau des mers et des océans, risque lui aussi de modifier profondément le tracé des littoraux. Ainsi, certaines îles, comme les Maldives en plein océan Indien, sont déjà menacées. Les pays développés ne sont pas non plus épargnés par ce phénomène : le projet Moïse, à Venise, pour protéger la lagune lors des hautes eaux, en est un exemple éloquent.

Les conflits d'usage entre activités, révélateurs des menaces pesant sur les littoraux

● L'extrême concentration d'hommes et d'activités sur le rivage entraîne souvent des conflits quant à la possession et à la mise en valeur de cet espace. Très souvent, les acteurs ont des intérêts divergents. Les personnes qui pratiquent l'aquaculture ou la saliculture, ainsi que les professionnels du tourisme, ont besoin d'une eau propre non polluée, tandis que les gestionnaires des ports ou les entreprises présentes sur les ZIP sont moins regardants, en raison d'impératifs de compétitivité.

● La compétition est également rude pour la possession de portions de littoral, notamment entre l'espace agricole et l'espace touristique. C'est le cas dans les PED qui se sont ouverts au tourisme, comme la Tunisie, où les espaces d'agriculture intensive ont souvent laissé la place à d'immenses complexes hôteliers qui bouleversent le paysage littoral traditionnel.

Vers une gestion durable des littoraux

PROTÉGER L'ESPACE LITTORAL : UNE NÉCESSITÉ

Pourquoi protéger ?

● Depuis des siècles, l'action humaine sur les littoraux a fortement dégradé ces milieux, tant au niveau physique que paysager ou environnemental. Aujourd'hui, les hommes se retrouvent dans une situation complexe car ils doivent sans cesse rendre le rivage artificiel pour le protéger, mais aussi pour se protéger des risques induits comme celui de la montée des eaux.

● Plusieurs pays à travers le monde ont dû prendre des mesures particulières pour protéger leur littoral. Le Japon, par exemple, a dressé sur certaines îles des murs de béton pour se protéger du risque de tsunami. Aux Pays-Bas, une grande partie du pays est situé sous le niveau de la mer, dans la région des polders : tout un système de digues a donc été installé, notamment dans l'estuaire du Rhin, pour pallier le risque d'inondation.

● Certains pays du Sud connaissent les mêmes problèmes, mais n'ont pas les moyens de les combattre efficacement. Au Bangladesh, de simples sacs de toile remplis de sable sont entassés sur les rivages et dans les bras du delta du Gange pour éviter les inondations, protections bien dérisoires contre la montée inéluctable des eaux.

Une prise de conscience mondiale...

● Depuis le milieu des années 1970, les gouvernements ont vu la nécessité de protéger les milieux littoraux fragilisés par l'action des hommes. Les grandes conférences internationales comme celles de Ramsar en Iran en 1971, de Rio en 1992 ou de Kyoto en 1997, démontrent la volonté des pays de mettre en place des mesures concrètes pour lutter activement contre la dégradation de ces milieux fragiles.

● La convention de Ramsar (1971), signée aujourd'hui par 123 pays, vise à la sauvegarde des zones humides dans le monde. En 1992, le programme Agenda 21 a été établi pour gérer de manière durable les zones côtières.

... mais qui a du mal à être approuvée par tous

● S'il existe une volonté planétaire de mettre en place un **développement durable** des littoraux, tous les pays ne partagent pas ce point de vue. Certains PED, pour des raisons économiques malheureusement compréhensibles, refusent de s'engager dans cette voie ou n'en ont pas les moyens.

● La mise en application de textes comme l'Agenda 21, si elle rencontre l'approbation des pays, a souvent une portée limitée car les intérêts économiques sont tels que les différents acteurs du monde littoral freinent les mesures prises.

DES MESURES CONCRÈTES POUR PRÉSERVER LES RIVAGES

Une protection accrue à l'échelle nationale

● À l'échelle des États, les gouvernements ont souvent mis en place des lois spécifiques pour la gestion des littoraux. Les États-Unis, par exemple, ont adopté dans les années 1970 le *Coastal Zone Management*, loi fédérale visant à protéger et à valoriser les rivages. En France, La création du Conservatoire du littoral, en 1975, avait pour vocation principale le rachat d'espaces côtiers pour préserver leur environnement. La « loi littoral » votée en 1986 s'engage davantage dans la protection, puisqu'un règlement drastique interdit désormais toute construction à moins de 100 mètres du rivage.

● Dans certains cas, les États ont cherché à allier protection et ouverture au tourisme. Le développement des parcs nationaux, comme celui de Port-Cros en France ou des Everglades en Floride, répond à cette logique.

Une protection des eaux littorales

● Les efforts des États ne portent pas seulement sur la préservation et l'entretien des paysages littoraux. En France, par exemple, la mise en place des pavillons bleus participe d'une volonté de préserver les milieux littoraux en faisant porter l'effort sur la qualité des eaux de baignade. La lutte contre les dégazages intempestifs et pour les peines encourues par leurs auteurs est aussi de plus en plus minutieuse.

● Les États cherchent également à réglementer les rejets polluants dans les mers ou les océans, qu'ils soient d'origine agricole, industrielle ou urbaine. Si ces mesures s'appliquent dans les pays développés, elles sont totalement inexistantes dans les PED.

Une occupation humaine ancienne dans un milieu contraignant

UN ESPACE DIFFICILE QUI, POURTANT, A LONGTEMPS ACCUEILLI LES HOMMES

Un milieu hostile ?

● Deux éléments rendent la vie plus difficile en montagne :

– le climat, qui varie en fonction de l'altitude, avec une température s'abaissant de 0,6 °C tous les 100 mètres. La présence de neige est importante et parfois permanente. Les sommets les plus élevés sont recouverts de glaciers. Les changements climatiques, assez brusques en fonction de l'altitude, induisent un étagement montagnard (disposition en paliers successifs) au niveau de la faune et de la flore ;

– la pente, qui limite l'installation humaine ou nécessite des aménagements coûteux.

● Les montagnes sont difficiles d'accès et certaines d'entre elles, lors de la saison hivernale, sont parfois coupées du monde et doivent fonctionner en autarcie : ainsi le Népal, en Himalaya.

Un espace refuge pour de nombreuses populations

● Les montagnes ont souvent servi, au cours de l'histoire, d'espace protecteur pour des populations menacées. Ainsi, certaines minorités de Chine du Sud comme les Miaos ont fui l'ethnie majoritaire des Han qui recherchait les meilleures terres pour pratiquer la riziculture, en se réfugiant dans les montagnes du Yunnan.

● Les périodes d'invasion, en particulier coloniale, sont aussi des moments où les montagnes ont servi de lieu refuge pour les populations, comme aux Philippines lors de la domination espagnole. C'est le cas aussi des populations berbères en Algérie, qui ont fui les invasions barbares et se sont réfugiées en Kabylie.

DES PLEINS ET DES VIDES EN MONTAGNE

Des montagnes en général peu attractives

● Dans le monde, les espaces montagnards sont des zones de faible densité. Ils n'abritent que 11 % de la population, alors même que les montagnes couvrent près du quart des terres émergées. Cependant, ces faibles densités ne se rencontrent pas partout.

Une dichotomie Nord-Sud

- À l'échelle de la planète, apparaît clairement une division entre montagnes peuplées et montagnes vides. Cette dichotomie suit la division classique Nord-Sud.
- Les montagnes du Nord tendent à se dépeupler de plus en plus, l'**exode rural** ayant été très fort au début du XXe siècle. L'industrialisation, qui n'a concerné qu'un nombre restreint de vallées, comme celle de la Maurienne dans les Alpes, et la mécanisation de l'agriculture difficilement adaptable aux fortes pentes des montagnes expliquent ces départs massifs de population vers les plaines. Environ 60 millions de personnes vivent encore dans les montagnes des pays développés. Cependant, ce chiffre est à relativiser puisque 10 millions de personnes seulement vivent à plus de 1 000 mètres d'altitude. Les autres sont concentrées dans les grandes vallées comme celles qui entourent l'arc alpin.
- Les montagnes du Sud regroupent davantage de population (plus de 600 millions d'habitants). La cordillère des Andes, par exemple, est la région où se rencontrent les plus fortes densités de l'Amérique du Sud. Il en est de même en Afrique où certaines montagnes, comme le Rif marocain, sont extrêmement peuplées (2,3 millions d'habitants). Cette forte présence humaine s'explique par deux facteurs principaux : d'une part, les montagnes du Sud présentent un certain nombre d'avantages pour l'installation des hommes (climat moins chaud, milieu moins insalubre que dans les plaines…) ; d'autre part, ces montagnes ont servi de refuge à de nombreuses minorités ethniques, souvent pourchassées par le pouvoir en place.

Des différences au sein même des massifs

- L'espace montagnard n'est pas peuplé de manière homogène. Les vallées ont tendance à concentrer les populations car elles sont les lieux de circulation. C'est là qu'on rencontre souvent les villes principales, situées parfois à la confluence de plusieurs vallées, comme à Grenoble en Isère. Les versants, quant à eux, sont souvent moins peuplés.
- Là aussi une différence s'observe : les versants au soleil (adrets dans les Alpes ou soulanes dans les Pyrénées) sont parfois le lieu d'installation de certains villages de moyenne montagne qui bénéficient ainsi d'un ensoleillement supérieur à celui du fond de vallée, surtout si celle-ci est très encaissée. Les versants à l'ombre (ubac ou ombrée), quant à eux, sont toujours vides et occupés par la forêt.

Une montagne aménagée à des fins agricoles et industrielles

LE SYSTÈME AGROPASTORAL TRADITIONNEL : UN MODÈLE DE DÉVELOPPEMENT AGRICOLE MONDIAL ?

Comment tirer partie de l'étagement montagnard ?

- Les potentialités agricoles liées à l'étagement de la végétation ont très tôt été mises en valeur et ont abouti à la création d'un système agro-pastoral.
- Tous les étages de la montagne ont été utilisés de manière complémentaire. Ainsi, dans les Alpes, les fonds de vallées, tout comme les espaces ensoleillés des adrets, sont dévolus à l'agriculture, aux pâturages d'hiver et à l'installation des villages. Les forêts présentes à l'état naturel ou plantées sur l'ubac sont exploitées par les hommes, et les étages de haute altitude, correspondant à des pâturages (estives), sont réservés à l'élevage de la période estivale.

Un système en difficulté

- Ce système ancien est aujourd'hui souvent remis en cause, notamment dans le Nord. Il nécessite en effet une forte intervention humaine. Or, le dépeuplement des montagnes a entraîné le retour des friches et le reboisement d'une partie des terres autrefois exploitées. Seules les régions ultra-spécialisées, notamment dans la fabrication fromagère, continuent à présenter ce type de paysage, comme dans la région de Saint-Nectaire dans le Massif central.
- Dans les PED, si le système de l'agriculture vivrière domine encore largement, celle-ci est rarement la seule activité pour les populations. L'arrivée des touristes, comme dans les Andes, modifie les modes de vie des agriculteurs et les paysages.

FRANCHIR LES MONTAGNES QUEL QU'EN SOIT LE PRIX

S'ouvrir sur l'extérieur, une nécessité pour exister

- Les montagnes ont toujours été bien moins desservies par les voies de communication que la plaine. Pourtant, la relation avec l'extérieur est primordiale pour les habitants des montagnes et l'accessibilité de celles-ci est d'ailleurs devenue essentielle pour leur survie, en particulier dans les pays du Nord.

● La multiplication d'ouvrages d'art comme les viaducs, les ponts ou les tunnels démontrent la volonté qu'ont les États de désenclaver les milieux montagnards.

Percer les montagnes, un luxe propre aux pays du Nord

● Multiplier les infrastructures de communication coûte extrêmement cher, d'autant que les ouvrages d'art sont de plus en plus grandioses et de plus en plus longs (un tunnel de 57 kilomètres sous le Saint-Gothard est en projet sous les Alpes).

● Les montagnes des pays du Nord sont toutes bien équipées et l'essentiel des routes est goudronné et protégé contre les risques spécifiques à la montagne, comme les avalanches. Dans les PED, le réseau de communication montagnard est très lâche. Seules les montagnes touristiques ou les lieux très fréquentés sont correctement desservis.

MONTAGNES ET INDUSTRIES : UNE ALLIANCE IMPENSABLE ?

Tirer parti du milieu pour développer une économie industrielle montagnarde

● Les richesses naturelles de certaines montagnes peuvent entraîner un développement industriel. C'est le cas pour celles qui abritent d'importants gisements de minerais ou de charbon, comme la cordillère des Andes.

● Traditionnellement, les montagnes sont aussi le lieu d'un artisanat actif, qui complète les revenus des agriculteurs. Les savoir-faire ancestraux et les adaptations technologiques ont permis à certaines montagnes de préserver aujourd'hui encore l'activité artisanale, comme dans le Jura, avec l'horlogerie de précision.

L'hydroélectricité et ses dérivés, une activité déclinante

● À la fin du XIXe siècle, l'ingénieur français Aristide Bergès parvient à utiliser la force motrice de l'eau sur les pentes des versants pour fabriquer de l'électricité. Les conduites forcées et les usines hydroélectriques en fond de vallée fleurissent alors dans tous les massifs montagneux, et plus particulièrement dans les Alpes et les Pyrénées.

● Les hommes n'étant pas capables, à l'époque, de transporter l'électricité, les industries dépendantes de celle-ci (comme l'électrométallurgie) viennent s'installer à proximité, provoquant ainsi une industrialisation de certaines vallées, couplée à la croissance démographique des villages situés dans le secteur.

● Aujourd'hui, la plupart des unités industrielles de montagne se sont délocalisées et certaines vallées se retrouvent totalement sinistrées.

De grands aménagements touristiques dans les montagnes

LA MONTAGNE, UN LIEU TOURISTIQUE MAJEUR

Aux origines du tourisme montagnard

- Le tourisme montagnard est né en Europe dans les Alpes françaises. À l'origine, il s'agissait d'un tourisme estival sportif (pratique de la randonnée ou de l'escalade). C'est au pied du mont Blanc, et en particulier à Chamonix, qu'a débuté cette aventure touristique.
- Après la Seconde Guerre mondiale, le tourisme est devenu beaucoup plus massif et deux saisons touristiques sont apparues dans les montagnes avec l'essor des sports d'hiver, en Europe mais aussi aux États-Unis et au Japon. La création des Jeux olympiques d'hiver a d'ailleurs montré l'engouement pour le ski.
- C'est la période estivale qui draine le plus de touristes en montagne et le développement du tourisme vert ne fait que renforcer ce phénomène.

Un espace de plus en plus attractif

- La plupart des montagnes dans le monde sont concernées par le développement touristique. Les montagnes européennes sont de loin les plus fréquentées. À elles seules, les Alpes concentrent plus de 500 millions de touristes par an sur le plus grand domaine skiable du monde.
- Si les pays du Nord concentrent les principales stations touristiques de montagne (Rocheuses pour les États-Unis, Alpes japonaises...), certains pays du Sud ont développé aussi différentes formes de tourisme montagnard. Il existe des stations de sports d'hiver dans les PED, comme Ifrane au Maroc, mais aussi des villes touristiques pour la pratique du trekking, comme dans la chaîne de l'Himalaya ou la cordillère des Andes.

DES AMÉNAGEMENTS PARTICULIERS

Une nouvelle vision de la montagne

- Avec l'essor du tourisme hivernal, la montagne présente un nouveau visage qui rompt avec la vision classique. Les espaces répulsifs sont devenus attractifs, tandis que les espaces auparavant privilégiés sont délaissés.
- Les versants les plus froids sont aujourd'hui dévolus aux pistes de ski puisque les conditions d'enneigement y sont supérieures. De même, la pente, jusque-là considérée comme une contrainte forte, est désormais recherchée pour l'installation de pistes rouges ou noires.

● Les hautes altitudes sont privilégiées pour construire les stations de sports d'hiver, même si l'heure est plutôt à des stations plus basses.

Des stations de ski en constante évolution

Stations	Dates de mise en place	Caractéristiques urbaines	Caractéristiques touristiques	Exemples
1re génération	Entre-deux-guerres	Villages de fond de vallée, à dominante agricole.	Pistes de ski assez basses en altitude à côté de la station.	Chamonix.
2e génération	Années 1950	Stations créées *ex nihilo* au-delà de 1 000 mètres d'altitude, composées d'immeubles et de chalets.	Pistes de ski au-delà de 2 000 mètres pour un meilleur enneigement.	Megève, L'Alpe d'Huez.
3e génération	Années 1960-1970	Stations intégrées, parfois appelées « usines à ski », de haute altitude (2 000 m), composées d'un immense parking (la grenouillère) au bout de la route unique qui monte aux stations et de grands immeubles de béton pour accueillir un maximum de touristes.	Pistes de haute altitude (3 000 m) qui partent directement au pied des immeubles.	Isola 2000, Superbagnères, Val Thorens.
4e génération	Années 1970-1980	Stations réalisées suivant le modèle tyrolien : stations greffées sur un village existant avec une continuité spatiale et architecturale des urbanisations ajoutées.	Domaine skiable très vaste pouvant monter jusqu'à 3 000 mètres d'altitude.	

Les usines à ski aujourd'hui remises en question

● Les stations de troisième génération ont été critiquées car ces villes nouvelles de béton s'intégraient peu dans le paysage et vieillissaient très mal. Aux Menuires, une immense barre VVF (village vacances famille) dénommée la « Sarcelles des neiges » a ainsi été détruite en 2004 pour laisser place à des chalets en bois.

● Si le succès de ces stations ne se dément pas aujourd'hui, car elles offrent un enneigement souvent inégalable, il n'en reste pas moins que les municipalités cherchent à améliorer leur offre en termes de parc immobilier. Le but est de donner une image positive de ces stations en restaurant une identité et une architecture locales, mais aussi en diversifiant l'offre et en essayant de les rendre attractives l'été (randonnée, ski sur herbe...).

Les montagnes, des espaces à protéger ?

UN MILIEU À RISQUES

De nombreux risques d'origine naturelle...

● Les montagnes sont des milieux fragiles, en constante transformation. La pente et l'enneigement provoquent des risques propres au milieu montagnard. L'hiver, les avalanches sont fréquentes et peuvent détruire des versants entiers. Au printemps et à l'automne, les pluies et la fonte des neiges entraînent des coulées de boue qui peuvent être dramatiques lorsqu'elles passent dans des zones habitées.

● Les pays du Nord ont mis en place toute une série d'aménagements pour se protéger du risque, comme les murs paravalanches, les filets sur les routes pour la protection contre les éboulements... Dans les PED, ces aménagements sont inexistants, ce qui entraîne souvent des catastrophes.

... sans cesse aggravés par l'action des hommes

● Le réchauffement climatique touche de manière assez dramatique les montagnes. D'une part, les précipitations neigeuses ont tendance à diminuer à moyenne altitude ; d'autre part, les glaciers et neiges éternelles disparaissent progressivement. Parfois, les neiges éternelles de certains sommets, qui avaient fait leur renommée, ont totalement disparu comme sur le Kilimandjaro, le plus haut sommet d'Afrique.

● Au niveau des massifs, l'action humaine peut aussi avoir des conséquences néfastes sur le milieu montagnard. Ainsi, l'accroissement démographique à Madagascar a conduit les hommes à trouver de nouvelles terres arables sur les pentes des montagnes. Or, la déforestation qui s'en est suivie a provoqué une érosion sans précédent qui a détruit les versants.

DES CONFLITS D'ACTEURS DE PLUS EN PLUS FORTS EN MONTAGNE

Des conflits d'usage fréquents

● Les montagnes sont aujourd'hui le lieu de fréquents conflits entre les différentes activités. Les industriels, par exemple, altèrent la qualité de l'eau qui est ensuite utilisée par les agriculteurs ; certains touristes prennent la montagne comme une véritable décharge à ciel ouvert ; des promoteurs peu scrupuleux détruisent volontairement des parcelles agricoles ou forestières pour racheter les terrains à bas prix...

- Un autre conflit oppose les partisans d'une « montagne sanctuaire », à protéger par tous les moyens, et les partisans d'une montagne vue comme un espace de production.

Acteurs locaux, acteurs externes, une cohabitation difficile

- L'aménagement montagnard n'est plus le seul fait des sociétés agro-pastorales locales. Désormais, des acteurs externes comme l'État, les professionnels du tourisme ou les industriels ont aussi leur part de responsabilité dans la mise en valeur du milieu.
- Or, ces différents acteurs ne partagent pas forcément le même point de vue que les habitants des montagnes, qui ont souvent du mal à accepter des décisions prises par des gens extérieurs à leur milieu de vie. Les tentatives pour réintroduire l'ours dans les Pyrénées en sont un exemple frappant : imposées par les acteurs externes, ces actions se heurtent souvent aux éleveurs qui, sur le terrain, sont confrontés à ces animaux qui pourraient menacer leur activité.

VERS UN DÉVELOPPEMENT DURABLE EN MONTAGNE

Un milieu préservé...

- Depuis déjà un siècle, la montagne fait l'objet d'une attention particulière de la part des hommes qui souhaitent la préserver. La multiplication des parcs nationaux de montagne, aussi bien aux États-Unis (Yellowstone) qu'en Europe (Vanoise, Mercantour) ou dans les PED (parc national de l'Annapurna au Népal), démontre cette volonté des États de créer des réserves naturelles pour conserver la faune et la flore des milieux montagnards.
- À l'échelle mondiale, une prise de conscience collective s'est amorcée en 1972, mais elle a vraiment éclaté au grand jour lors de la conférence de Rio, en 1992, au même titre que celle concernant les littoraux. L'Agenda 21 présente ces espaces comme des milieux menacés de même que les sociétés qui les habitent.

... au sein duquel l'homme a toute sa place

- Préserver le milieu montagnard, c'est aussi préserver les sociétés traditionnelles et la culture locale. L'homme est donc au cœur du **développement durable** montagnard, puisque c'est lui qui doit entretenir les paysages caractéristiques de ces milieux (notamment dans les parcs régionaux).
- Pour protéger durablement la montagne, les acteurs locaux ou externes devront passer outre leurs intérêts personnels afin d'œuvrer pour le bien commun.

Le monde politique

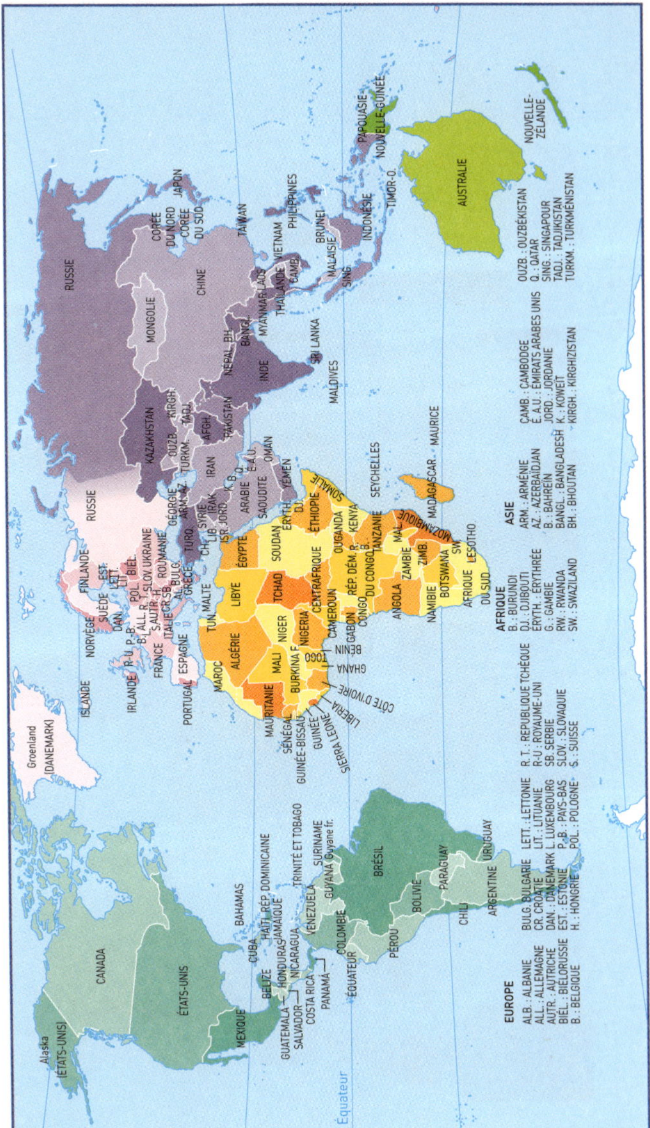

La population mondiale

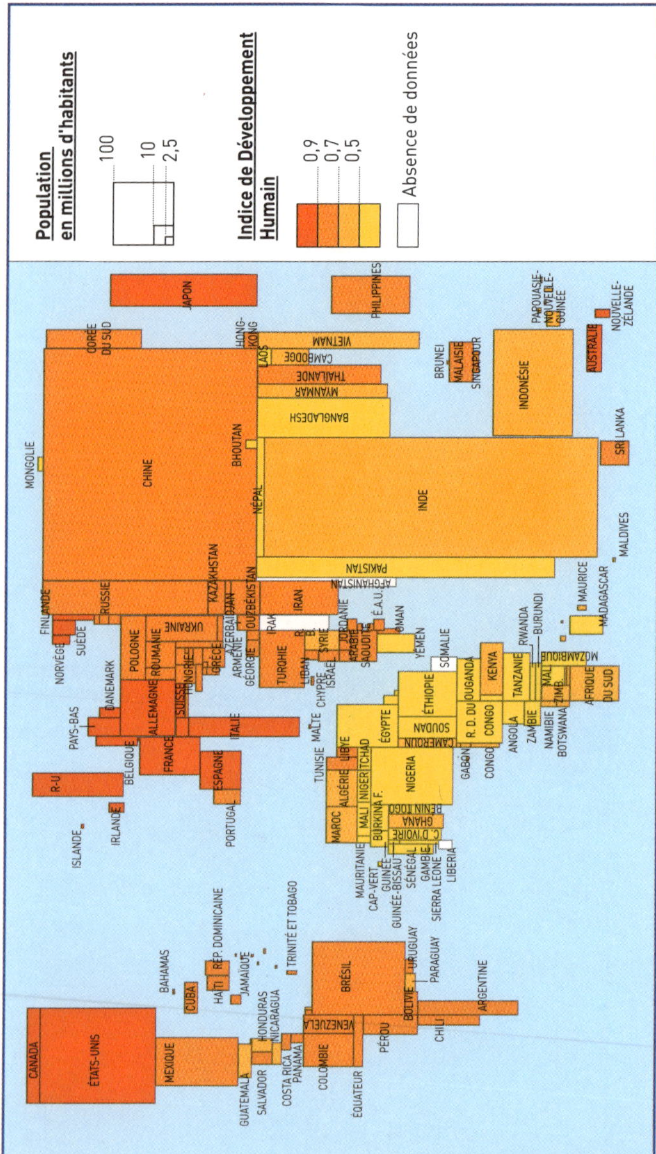

LEXIQUE

Accroissement naturel : différence entre le taux de natalité et le taux de mortalité.
Ateliers nationaux : chantiers organisés par le gouvernement en 1848 pour procurer un emploi aux chômeurs.
Brûlis : l'agriculture sur brûlis est un système agraire dans lequel la fertilité est renouvelée par la friche. Les parcelles sont brûlées et cultivées pendant trois ou quatre ans avant d'être laissées en friche.
Concordat : traité conclu entre le pape et un État pour régler les relations entre l'Église catholique et cet État (ici, il s'agit de l'accord entre Bonaparte et le pape Pie VII en 1801).
Développement durable : développement qui répond aux besoins des générations actuelles sans compromettre la capacité des générations futures à répondre aux leurs.
Dogme (du grec *dogma*, « opinion ») **:** vérité exprimée par l'Église.
Écosystème : désigne l'ensemble formé par une association ou communauté d'êtres vivants (ou biocénose) et son environnement géologique, pédologique et atmosphérique (le biotope).
***Edge city* :** aux États-Unis, nom donné aux nouveaux centres d'affaires situés en périphérie des métropoles et à proximité des grands échangeurs autoroutiers.
Éphébie : à Athènes, au Ve siècle av. J.-C., service militaire de quatre années que réalisaient les jeunes garçons (éphèbes), à l'âge de 16 ans, pour devenir citoyen.
Espace Schengen : espace constitué par le territoire des États européens ayant ratifié les accords de Schengen (15 pays) instaurant la libre circulation des personnes à l'intérieur de l'Union européenne.
Espaces périurbains : espaces urbanisés autour des villes et au-delà de la banlieue. C'est l'espace qui connaît aujourd'hui la plus forte croissance urbaine.
États généraux : assemblée convoquée et présidée par le roi de France (depuis 1302) et composée de représentants des trois ordres (clergé, noblesse et tiers état).
Fief : terre donnée par le seigneur à son vassal quand ce dernier lui jure fidélité.
FMI (Fonds monétaire international) : organisme fondé en 1944 pour assurer le fonctionnement du système monétaire international (stabilité des changes, coopération internationale sur le plan monétaire...).
FMN : sigle désignant communément une firme multinationale, c'est-à-dire une entreprise qui possède ou contrôle plusieurs filiales de production dans plusieurs pays.
***Gated communities* :** communautés fermées. Aux États-Unis, il s'agit de quartiers surveillés par des vigiles et interdits aux non-résidents. Ils abritent une population aisée.

Girondins : groupe politique né de la Révolution, formé en 1791 et éliminé en 1793, constitué de membres venus de la Gironde. Ils défendaient l'idée d'une bourgeoisie éclairée.

Hubs : lieux d'échanges majeurs (ports et aéroports) qui reçoivent les passagers et les marchandises des lignes principales et les répartissent sur de nombreuses lignes secondaires.

IDH (Indice de développement humain) : indice calculé à partir de trois indicateurs (le PIB/habitant, le taux d'alphabétisation et l'espérance de vie). Il varie entre 0 et 1.

Index : catalogue de livres dont la lecture était interdite par l'Église catholique car ils contrevenaient à la doctrine catholique ou à la morale.

Inquisition : juridiction ecclésiastique d'exception mise en place au XIIIe siècle pour réprimer les crimes d'hérésie, d'apostasie (abandon de la foi), de sorcellerie et de magie.

Montagnards : favorables à une centralisation du pouvoir à Paris, ils rallient les classes populaires et s'opposent aux Girondins. Ils s'effacent avec la chute de Robespierre (juillet 1794).

Philologie : étude historique des textes.

PIB (produit intérieur brut) : ensemble des richesses produites à l'intérieur d'un pays en une année.

PMA (pays les moins avancés) : nom donné aux pays présentant l'IDH le plus faible du monde. L'essentiel de ces pays se concentrent en Afrique subsaharienne.

PPR (plan de prévention des risques) : document d'urbanisme de droit français qui répartit en zones avec différentes couleurs le niveau de risque naturel ou technologique de chaque partie du territoire de la commune.

Stress hydrique : situation dans laquelle la demande en eau dépasse la quantité disponible pendant une certaine période ou lorsque sa mauvaise qualité en limite l'usage.

Syncrétisme : fusion de deux éléments culturels, artistiques ou religieux différents.

Taux de mortalité (ou de natalité) : nombre de décès (ou de naissances) annuels rapporté au nombre d'habitants d'un territoire donné.

Technopôle : centre marqué par des activités industrielles de haute technologie.

Théocratique : gouvernement dans lequel l'autorité est exercée au nom de Dieu.

Transition urbaine : moment où la population rurale diminue fortement au profit de la population urbaine sous l'effet de l'exode rural.

Triade : en économie, désigne les trois pôles (Europe occidentale, Amérique du Nord et Japon) qui dominent le commerce international.

Villes globales : synonyme de ville mondiale. On en compte 4 à travers le monde : Tokyo, New-York, Londres et Paris.

Zone euro : zone monétaire regroupant les pays de l'Union européenne qui ont adopté l'euro (€) comme monnaie unique (13 pays au 1er janvier 2007).

BIOGRAPHIES

Al Idrisi (v. 1100-v. 1166) : géographe arabe qui, après des études à Cordoue et des voyages en Afrique, en Espagne et en France, fut appelé à la cour du roi de Sicile, Roger II, pour lequel il réalisa une mappemonde en argent.

Avicenne (980-1037) : médecin, philosophe et mystique arabe, d'origine iranienne. Nombre de ses traités nous sont parvenus. Ses connaissances ont été à la base de la médecine de la Renaissance. Il est aussi connu pour ses commentaires d'Aristote.

Christophe Colomb (v. 1451-1506) : navigateur d'origine italienne. Fils d'un tisserand génois, il fit ses études au Portugal où il proposa au roi de trouver une route vers les Indes par l'ouest. Mais ce fut l'Espagne qui lui permit de réaliser son expédition, à l'origine de la découverte de l'Amérique.

Denis Diderot (1713-1784) : issu d'une famille bourgeoise, il étudia le droit, la philosophie et la théologie à Paris, puis se consacra à la rédaction de l'*Encyclopédie* (1747-1766). Il est l'auteur de nombreux ouvrages (*Supplément aux voyages de Bougainville, Le Neveu de Rameau, Jacques le Fataliste*...), montrant sa foi en l'être humain.

Érasme (v. 1469-1536) : humaniste hollandais, « prince des humanistes », il fut ordonné prêtre, poursuivit ses études à Paris, puis se rendit en Angleterre où il rencontra Thomas More. Il voyagea sa vie durant à travers toute l'Europe (Italie, Pays-Bas, où il séjourna à la cour de Charles Quint, Angleterre, Suisse) et eut une intense activité littéraire.

Eschyle (v. 525-456 av. J.-C.) : poète tragique grec, il participa aux batailles de Salamine et de Marathon. Des 90 pièces de théâtre qu'il écrivit, 7 seulement nous sont parvenues, dont la fameuse trilogie de *L'Orestie*. Il est considéré comme le fondateur de la tragédie grecque.

Euripide (480-406 av. J.-C.) : poète tragique grec, il ne connut pas la gloire de son vivant, mais les 92 pièces de théâtre qu'il composa (dont 18 nous sont parvenues) eurent un vif succès après sa mort.

François Ier (1494-1547) : roi de France, il fit la guerre en Italie et contre Charles Quint. Il renforça le pouvoir royal et la vie de cour en faisant construire des châteaux comme Fontainebleau ou Chambord, véritables centres de diffusion de la Renaissance italienne en France.

Galilée (1564-1642) : physicien et astronome italien, il fit des études de médecine avant d'enseigner les mathématiques à l'université de Padoue. Il fut à l'origine de nombreuses découvertes en mécanique, construisit la première lunette astronomique. Il confirma la théorie héliocentrique de Copernic, qu'il dut abjurer après avoir été condamné par l'Inquisition.

Johannes Gutenberg (v. 1397-1408) : imprimeur allemand installé à Strasbourg puis à Mayence. Il inventa la presse à imprimer et les caractères mobiles en métal, plus résistants que ceux en bois, permettant ainsi d'augmenter la production de livres et de diffuser les idées humanistes.

Fernand de Magellan (v. 1480-1521) : navigateur portugais, il fit une expédition aux Indes puis en Afrique, avant de passer au service de l'Espagne. Il fut le premier à faire le tour du monde par les mers et les océans. Il fut tué par les populations indigènes de Mactan (Philippines).

Mahomet ou **Mohammed (v. 570-632) :** né à La Mecque, il devint le prophète, selon la tradition, après que l'ange Gabriel lui eut transmis les paroles de Dieu. Chassé de La Mecque, il dut s'enfuir dans le désert pour gagner Médine : c'est l'Hégire (622), qui marque le début du calendrier musulman. À sa mort, en 632, l'Arabie est convertie à l'islam.

Montesquieu (1689-1755) : magistrat, il est resté célèbre pour ses œuvres littéraires, qui font de lui un philosophe des Lumières, à travers lesquels il critique la société de son époque et propose des réformes politiques pour mettre en place un gouvernement plus juste, garant des libertés humaines.

François Rabelais (v. 1494-1553) : écrivain français, il fit des études de médecine, puis devint curé. Il s'est illustré par ses romans comiques dans lesquels il fait une critique burlesque de la société de son temps, en mettant en scène des géants (Pantagruel et Gargantua).

Jean-Jacques Rousseau (1712-1778) : genevois d'origine, il participa à l'*Encyclopédie*, puis se démarqua des Lumières, dans ses œuvres, par ses critiques acerbes contre la civilisation, qui corromprait l'homme, naturellement bon (*Émile* ou *Du contrat social*).

Sophocle (496-406 av. J.-C.) : poète tragique grec, il participa activement à plusieurs expéditions militaires et fut même élu stratège d'Athènes. Auteur de 72 pièces au moins, dont 7 seulement nous sont parvenues, il renouvela les règles de la tragédie.

Léonard de Vinci (1452-1519) : peintre, architecte, ingénieur et savant italien, originaire de Florence. Il travailla pour le duc de Milan, puis à Rome, avant de finir ses jours en France (1516), à la demande de François Ier, qui l'installa au Clos-Lucé près d'Amboise.

Voltaire (1694-1778) : philosophe des Lumières. Prônant la tolérance et dénonçant les injustices, il écrivit de nombreux ouvrages : pièces de théâtre, contes philosophiques (*Candide*, *Zadig*, *Micromégas*), ouvrages historiques et un *Dictionnaire philosophique*, sans compter ses articles pour l'*Encyclopédie*, ses réflexions sur le régime anglais.

Graphisme : Marc Henry – Mise en pages : Alpha-Édit – Cartographie : Légendes cartographie

FSC
Sources Mixtes
Groupe de produits issu de forêts bien gérées et de bois ou fibres recyclés
Cert no. BV-COC-070301
www.fsc.org
© 1996 Forest Stewardship Council

N° éditeur : 10145581
Dépôt légal : janvier 2008
Imprimé en France
par Clerc